XVIIᵉ

Monsieur Louis Dangel

91   Rue de Prony

　　　　　　Paris.

Paris 16 mars 1922

　　Monsieur et cher confrère,
　Vous excuserez le retard que j'ai mis
à répondre à votre aimable lettre et invita
-tion ornées si gaiement, en apprenant que
j'ai été un peu souffrant.
　　Non, je ne suis pas un grand Pierrot,
je suis plutôt le frère des petits pierrots
parisiens qui picotent dans la rue, le pain
qui leur tombe du Ciel.
　　Comme un clerc de notaire du temps
de la perruque et de la plume d'oie,
j'aime les belles majuscules qui me font,

CABINET DE LA PRÉSIDENCE

28 rue Lacroix
Paris
XVIIe

République de Montmartre

Montmartre, le 1er Mars 1922

Madame Madeleine vionnet, et Cie

Vous avez le droit, si c'est par le fait ou de votre modestie ou celui de votre bon plaisir, de remplacer, contre l'usage par une lettre minuscule, l'obligatoire majuscule de votre nom de famille. mais, vous qui invoquez la loi et le bon goût français, vous n'avez pas le droit d'infliger cette nouveauté dadaïste aux autres noms tels que ceux de Madeleine (une sainte), de Rivoli et de Paris qui se sont toujours écrits et s'écriront toujours, n'en déplaise à Boumboula avec la plus belle majuscule.

Et c'est parceque cette règle ne s'applique qu'aux noms propres qu'il faut, avec d'autant plus d'empressement lui obeir.

Agréez, Madame, et Cie l'hommage de mon salut

A. Willette

Feu Pierrot

1857...19..?

LÉON ADOLPHE WILLETTE

FEU PIERROT

JUSTIFICATION DU TIRAGE

Il a été tiré de cet ouvrage 50 exemplaires
sur Japon, numérotés de 1 à 50

ADOLPHE WILLETTE ET SA MÈRE

A. WILLETTE

Feu Pierrot

1857-19 ?

PARIS
H. FLOURY, ÉDITEUR
1, Boulevard des Capucines
1919

Boule de feu, boule de fer
Si je mens, j'irai en enfer

Mon cher Willette,

Merci de tout mon cœur pour ton affectueux souvenir ; il m'est particulièrement précieux venant de l'artiste qui m'a donné et me donne toujours un plaisir si ému par la grâce, l'esprit et le cœur, tout ensemble exprimés dans le caractère le plus subtil de notre race française.

Lorsque je pense comme toi à ce lugubre atelier, cette espèce de ménagerie de chiffonniers, je suis toujours en pleine révolte.

Ce n'est pas une raison, parce que l'on trouve une fleur dans les gravats, d'en ensemencer l'étendue comme un terrain inespéré. C'est ainsi cependant que notre soi-disant éducation du beau se fait au milieu des plus barbares agressions.

Je n'ai, depuis ma sortie, jamais passé le seuil de ce lugubre et froid monument, et, dans mon dernier et seul voyage que j'ai fait à Rome, l'idée d'entrer à la Villa Médicis me paraissait tout à fait incompatible à mon être. Cela m'a paru une des ruines les plus tristes de Rome.

Tu penses que sur la pauvreté je suis d'accord avec toi, puisque c'est par elle que nous apprenons la sottise et le mépris que réserve au faible, à l'inconnu, le satisfait : on arrive de l'autre côté du tunnel, tu le sais, mon cher Willette, en quel état ! Que de blessures et de meurtrissures ! Si l'intelligence ne nous sauve pas, nous sommes perdus dans la révolte. Mais apprenons que tous sont malheureux, et tout se plaint, l'oppresseur et l'opprimé, ce dernier qui n'est souvent qu'un candidat malheureux. Le tourment de tous est évident. Il nous paraît donc que tous sont victimes d'une erreur fatale. Les manifestations de haute gloire sont encore la guerre, le meurtre, le viol, le vol, etc. : voici la forme de l'héroïsme collectif. Que doit être l'individu ? Un misérable aveugle.

C'est pourquoi, mon cher Willette, nous plaignons l'espèce dont nous sommes, et tu fais une œuvre de justice dont le pauvre monde a besoin : la fleur que tu lui donnes est celle qu'il désire, et ton génie a su la cueillir.

Mon cher Willette et mon beau confrère, je te souhaite la santé et la belle confiance dans ton labeur si utile.

Présente mes respectueux hommages à ta chère et jolie compagne, et reçois de ton vieux camarade l'affectueuse étreinte.

De tout cœur à toi, mon cher Willette.

Eugène Carrière.

28 Décembre 1904.

Mon vieil et cher ami,

Il y a longtemps que je voulais t'écrire. Pour vivre éloigné de toi, ainsi que le veut la vie de Paris, je n'en conserve pas moins pour toi une amitié sincère faite d'estime, d'admiration, et aussi de bons et vieux souvenirs.

Aussi, je voulais te dire combien j'avais été ému et heureux de tes récents triomphes. Ta belle exposition aux Arts Décoratifs, les portraits si pleins d'affection fraternelle qu'a faits de toi Steinlen, tout ce passé remué, tous ces applaudissements autour de toi m'ont charmé comme si j'en avais pris personnellement ma part. J'ai ressenti ta joie comme si elle avait été ma joie !

Mon brave et vieil ami ! Comme le sort a été injuste envers toi, et comme la Fortune a été lente à venir ! Que veux-tu ! Elle est un peu fille, et elle s'est attardée à flirter capricieusement aux hasards de la route avec un tas de beaux gars, dont le talent était mièvre, mais qui savaient mieux que toi l'art de faire les jolis cœurs et d'épater les bourgeois !

Mais enfin justice t'est rendue, et le public sait, a fini par savoir — que tu étais un maître, un probe et fier artiste, bien personnel, bien français, plein de grâce et d'esprit.

Tu me diras, pauvre Pierrot, que la gloire est un peu une viande creuse et qu'il y a mieux ! N'importe ! C'est une satisfaction pour un artiste — et c'est au fond la meilleure et la plus pure de ses joies ! — de pouvoir, sans sacrifier aux mauvais goûts du jour, proclamer son idéal de forme et de beauté !

Cette heure est enfin venue pour toi, mon vieil ami, et cette lettre n'a d'autre but que de te dire que nul n'en est plus sincèrement heureux que ton vieux camarade.

Comme tu me l'écrivais dans une lettre que j'ai conservée, je t'ai vu débuter durement, j'ai su tous les heurts de ta route ; aussi je me réjouis aujourd'hui de voir plus de lumière dans ta vie et de la gloire autour de ton front !

Puisque notre sort est de ne pas nous voir, malgré notre proximité, je t'envoie mon salut fraternel et affectueux et je te rappelle, Montmartrois obstiné, que si tu descends parfois dans Paris, tu me trouveras tous les soirs chez moi vers six heures — et je serai très heureux de serrer ta main et de bavarder amicalement avec toi.

Ton vieil ami,

FÉLIX DECORI.

31 *Janvier* 1911.

DE LA ROBE A LA CULOTTE

Mon plus lointain souvenir est celui de la douleur éprouvée, alors que j'étais encore en robe, dans les bras d'un lancier de la Garde Impériale.

Ce brave homme, du nom de Viélard, qui était ordonnance de mon père, à cette époque capitaine d'état-major, me portait, malgré mes quatre ans accomplis, parce que j'étais convalescent d'une fracture à la jambe droite. J'ai oublié la cause de cet accident, et je ne me souviens que de la douleur constante que je devais taire, sans doute par stoïcisme, et qui était causée par l'incessant frottement des boutons de l'uniforme et par l'incommodité de la marche si lourde du cavalier à pied.

En ces temps où les trottoirs de l'avenue des Champs-Elysées n'étaient pas trop encombrés, on ne connaissait pas encore ces petits véhicules si variés et si confortables que les mamans ou les bonnes poussent, aujourd'hui, avec de si tendres soins dans les guiboles des passants patients, et dans lesquels se prélassent nos seigneurs les bébés.

Après ce souvenir de la première douleur physique ressentie consciemment, vient immédiatement celui de la douleur morale éprouvée, pour la première fois, et causée par l'injustice.

Alors trois enfants, dont moi le cadet toujours en robe (je l'ai portée jusqu'à sept ans !), élevés avec la plus rigide tendresse, nous étions ma sœur, mon frère et moi des enfants bien élevés, des enfants bien sages.

Un jour notre père nous emmena au bureau de la Division, sis rue Matignon. Avant de pénétrer dans le cabinet de son général, il nous laissa dans une grande pièce non meublée où, tout seul, jouait un certain moutard qu'à son tablier et à sa tête nue on devinait être un enfant d'intime [1]. Tous les trois, côte à côte, debout et collés au mur, face à la porte du général, nous regardions le petit garçon s'amuser ou plutôt mener un train d'enfer. Tout à coup, sans doute histoire d'épater la galerie que nous formions à nous trois, le petit polisson saisit un jeu de dames et le plaqua sur le parquet ! A l'instant même, la porte s'ouvrit ; le général apparut comme un diable chinois, et ce fut nous qui, toujours au pied du mur, attendions notre papa, qu'il accusa d'avoir commis cet abominable chahut, sans même daigner remarquer le véritable coupable rigolant au milieu de son désordre.

J'ignore si ma sœur et mon frère se souviennent de ce fait, d'apparence assez puérile ; quant à moi il m'est revenu à l'esprit, lorsque, douze ans plus tard, ce général qui était devenu maréchal, fut condamné comme bouc émissaire des péchés des autres, et c'est par respect pour mon père, qu'alors je n'ai pas dit : C'est bien fait !

Depuis, vagues, oui, trop vagues souvenirs pour être même esquissés, jusqu'à l'admission de notre sœur aînée à la Maison de la Légion d'honneur de Saint-Denis et de l'entrée, au Lycée Impérial de Dijon, de mon grand frère Théodore. « Enfin seul !... » eh oui, car je crois bien me rappeler qu'ils me taquinaient quelque peu parce que j'étais « le môme » !

A cette époque, Guerre du Mexique, mon père faisant partie du corps expéditionnaire, comme aide de camp du général Bazaine avec lequel

(1) C'était le fils de l'intendant militaire Lejeune.

il avait déjà fait la campagne d'Italie, dut nous quitter ; en l'accompagnant avec ma mère à la gare de Lyon, je fus le témoin terrifié de leur douloureuse séparation qui devait durer cinq longues années.

Un beau matin, ma grand'mère, qui était née Van der Elst, c'est pour dire Bruxelloise, me fit comparaître au salon et me dit — « Jusqu'ici, on t'appelait Léon : à partir d'aujourd'hui, tu t'appelles Adolphe. » Je fis un bond de joie à l'idée que ni ma sœur ni mon frère ne pourraient plus m'appeler Léonie ! La bonne dame reprit — « Aujourd'hui 31 juillet, tu as sept ans, c'est-à-dire que tu as l'âge de raison, et je vais te mener à l'église pour te confesser. » Et je fus très fier d'aller à confesse, sans songer qu'avant l'instant où je venais d'atteindre l'âge de raison, je ne pouvais être responsable des péchés ou des crimes que j'avais pu commettre alors que j'étais foufou comme le sont tous les bébés.

La première culotte !... elle était un peu tardive ; je devais me rattraper plus tard, mais... n'anticipons pas.

Léonie était devenue Adolphe ! J'avais changé de nom, j'allais, du même coup, changer de sexe. Je ne me souviens pas très bien, mais je crois bien avoir éprouvé la même satisfaction que cette bonne Mme Dieulafoy quand elle passa son premier pantalon. Ce dont je suis assuré, c'est d'avoir quitté, avec joie cette odieuse crinoline dont certaines Parisiennes, un peu dingos, attendent le retour avec plus d'impatience que celui de nos soldats vainqueurs ! Ma tendre et chère maman m'avait espéré fille ; je comprends à présent pourquoi elle a voulu, le plus longtemps possible, entretenir une illusion qui lui était chère ; je ne lui en fais pas un reproche, d'autant que j'ai pu y gagner la plus belle des qualités féminines, la sensibilité, sans laquelle on ne peut être un artiste.

A cette heure terrible, mon attendrissement redouble quand il me revient, sur les lèvres, pour le répéter à mes fillettes, ce refrain d'une chanson vieille comme la cruauté des hommes, et que ma mère me chantait sur un rythme plaintif imitant le bêlement de la brebis :

> Où vas-tu?...
> A la boucherie !
> Et quand reviendras-tu?...
> ... Jamais !...

et comme la chère maman voyait combien j'étais ému de savoir la brebis séparée de son agneau à jamais... béeh ! elle reprenait souvent, avant de me coucher, ce chant plaintif en me serrant contre son cœur si chaud !

Sois bénie, mère chérie, tu m'as, suivant une coutume perdue, voué au bleu, et pour toujours ! c'est pourquoi j'ai aimé vivre le plus possible dans le ciel : — « Toujours dans les nuages ?... oui, vous, Willette ! » me jetait le pion en me faisant brusquement atterrir. Il ne se trompait qu'à moitié, le pied de banc ! C'était au-dessus des nuages que j'étais... dans le bleu ! C'est ainsi que les femmes m'ont toujours paru des anges et que je n'y ai jamais vu que du bleu !...

HEUREUX PRONOSTICS

Enfin j'étais seul, sans camarades petits ou petites ; mais ma mère ne sortait jamais qu'avec moi, et comme elle aimait les tableaux, nous allions souvent au Salon. Grande fut notre joie le jour où nous y aperçûmes l'envoi de Adolphe Beaucé, peintre militaire, attaché au corps expéditionnaire du Mexique. Son tableau représentait l'attaque du fort San Lorenzo. Au premier plan, dans la tranchée d'où s'élance, pour l'assaut, un régiment de zouaves, nous vîmes... avec quelle émotion !... à deux pas de son général dirigeant l'action, mon père très ressemblant. Aussitôt de retour à la maison, je retraçais, de mémoire, cette toile, ainsi qu'en fait foi ce document retrouvé dans les archives de ma mère et représentant une autre toile du même artiste, « Le général Bazaine et son État major. »

C'était aussi au lendemain de l'insurrection de la Pologne, et je me souviens d'avoir été profondément ému devant la grande toile de Tony-Robert Fleury, *Le massacre de Varsovie*. Je n'en revenais pas de voir, massacrés, des femmes et des enfants habillés comme les femmes et les enfants que je coudoyais dans la rue ! J'avais toujours cru, auparavant, que ça ne pouvait exister qu'au temps où on était tout nu !

Je me consolais de ce terrifiant spectacle en admirant *l'Olympia* de Manet dont tout le monde rigolait autour de nous. Ce n'est pas après coup que je puis affirmer que j'en ai été le premier admirateur sérieux, à preuve qu'aussitôt rentré chez nous, je retraçais, avec de la couleur à l'eau et à... la salive, ce tableau aujourd'hui à la gloire, sans oublier le chat noir avec sa queue droite !... Le Chat noir !... Il m'avait déjà hypnotisé et jeté un sort ! Cette reproduction naïve faisait la joie des familiers de la

LE GÉNÉRAL BAZAINE ET SON ÉTAT-MAJOR

maison, et même l'un d'eux me paya, d'un demi-louis, l'acquisition de la plus réussie. Ce prix fabuleux de dix francs ne faisait pas prévoir que, dix-huit ans plus tard, le fameux Directeur du Chat Noir ne me prendrait mes dessins que pour une poignée de... main !

Devant *San Lorenzo*, j'étais militaire ; devant *le Massacre de Varsovie*, j'étais un humanitaire ! Devant *Olympia*, j'étais, ben... je ne savais... je ne sentais pas encore quoi que j'étais !... les femmes n'étant encore, pour moi, que des anges ; mais je puis affirmer qu'*Olympia* me tenait déjà !...

Ainsi, petit à petit, par le crayon, je parvenais à réaliser mes rêves de gosse isolé. Je me souviens, d'autant mieux qu'il dure encore, de mon effort à retenir la forme observée et de cette joie solitaire qui était déjà celle de l'artiste.

Les contes de fées, le chant délicieux de la bouillotte sur le feu et, à l'église, les cérémonies, pour moi, jamais trop longues à cause de leur somptuosité, ainsi que l'extase où me plongeait la lumière surnaturelle des vitraux, avaient retardé mon éveil de pauvre petit homme, quand un beau jour...

Mon oncle, un insupportable dragon de l'Impératrice, (ce qui veut dire qu'il n'était pas un dragon de vertu), mon oncle, dis-je, qui ne désirait que ma mise en cage, décida enfin ma mère à m'envoyer à l'école : j'allais donc incessamment connaître la bêtise et l'injustice.

L'ÉCOLE

Ah ! ça ne traîna pas !... Le temps d'aller du 160 de la rue Saint-Dominique, où nous habitions, au 18 de la rue de Condé où se trouvait l'INSTITUTION BONIFACE, AUBUSSON SUCCESSEUR.

Ce fut dans un grand et luxueux salon, qu'en l'absence de M. le Directeur, sa femme, grosse dame brune, nous reçut ma mère et moi. Après la présentation du futur élève, tandis que ces dames parlaient, l'une des qualités de l'enseignement et de l'éducation donnés dans la maison et l'autre de celles de son fils en ajoutant beaucoup de recommandations, je regardais une grande toile sur chevalet et représentant deux vaches, une œuvre du frère du Directeur, quand l'enfant de la maison, un petit blond frisé, de mon âge, vint à moi et... me cracha à la figure ! puis courut lancer ses derniers postillons au nez de ma mère assise, en face de Mme la Directrice qui ne s'en émut le moins du monde. En voyant ce charmant babouin, fils de M. le Directeur, si mal élevé, ma mère aurait dû, à l'instant, comprendre que cette école prétendue une des meilleures de Paris pour son éducation bourgeoise, usurpait plutôt sa réputation. Ainsi en ai-je

jugé, un peu plus tard, je l'avoue, car je ne veux pas, dans ces souvenirs lointains, me poser en surenfant.

Le lendemain matin, un omnibus à deux chevaux assez semblable aux actuels omnibus des Pompes funèbres, vint me prendre à domicile : sur un coup de sifflet du cocher, j'accourus gibecière au dos, et je fus hissé par le pion. Après avoir fait sa récolte d'écoliers, la voiture parvint au vieil Hôtel où se tenait l'école, et y déversa son chargement quotidien.

Je fus, naturellement, dirigé vers la classe des petits, car je puis à présent l'avouer sans honte, je ne savais ni lire ni écrire bien qu'ayant huit ans sonnés ; mais il faut dire qu'alors très délicat, je n'annonçais pas le costaud que je suis devenu vers la trentaine.

Ce redoutable macrobite ne se séparait d'un jonc, tous les trimestres hors d'usage, qu'il tenait sous le bras, que pour pratiquer la question extraordinaire qui consistait à rabattre la culotte et à meurtrir, à toute volée, les charmes secrets de l'enfance. Et il actionnait, le monstre, en chantant !

Pour la question ordinaire,

 le jonc était appliqué d'un coup sec sur la paume de la main ou bien à coups précipités sur le bout des doigts réunis en faisceau — « Du baume pour les engelures ! » chantait ce bourreau d'une voix de chantre.

Plus loin, près du poêle, se tenait un être moustachu quoique du sexe féminin, une Lisette retraitée et septuagénaire — Mme Martin, la digne veuve de Martin-Bâton, sans nul doute, car, de ce coin obsédant, partaient souvent des claques sèchement retentissantes. Cette vénérable dame était préposée aux soins de propreté qu'on promettait aux parents de donner à leurs enfants à la fin de la classe. Alors, avec terreur, on la voyait s'avancer portant une terrine d'eau et un rude torchon pour récurer les gosses et, défilant devant chaque banc, elle passait l'éponge sur toutes les frimousses à l'instant renfrognées. Une deuxième terrine était apportée pour les mains ; et qu'elle avait l'ongle dur, la dame, pour gratter la tache récalcitrante sur les petits doigts !... efforts souvent vains et toujours suivis d'une gifle !... « Et allez donc, et allez donc, turlurette ! »

Mais l'erreur la plus déplorable que je reproche au vieux pédagogue consistait, avant que de tourner le dos à la classe pour écrire au tableau, à charger un des meilleurs élèves de surveiller et de désigner, à haute voix, par leurs noms, les camarades dissipés dont les plus souvent nommés passaient, dans la suite, à la question ordinaire ou extraordinaire. J'aime encore à croire que, si par miracle, j'avais été un bon élève, j'aurais d'instinct refusé ce rôle aussi démoralisant que celui de dénoncer ses camarades. Au Lycée, la situation du cafard reconnu était intenable.

Un beau jour, j'apprends que les élèves épargnés étaient ceux dont les parents offraient des cadeaux au vieux professeur ou même l'invitaient à leur table... alors... à toi, cher Courteline !... alors, sous le coup de l'incessante terreur, j'invite le père Bredzel à dîner, bien entendu, sans prévenir mes parents !... tant pire pour ça qui arrivera... demain c'est loin ! Oui, mais voilà le vieux qui s'amène à l'heure dite et sur son trente-et-un, donc ! C'est moi qui lui ouvre la porte ! et ni ma mère, ni ma grand'mère n'ont d'abord pas rien compris... Enfin, pour se libérer et peut-être bien par peur d'une correction, la grand' mère lui a collé une tabatière en argent, et, dès lors, mon derrière put reposer, en paix, sur son petit banc scolaire. Ça n'y fait pas rien. Cette histoire dont elle ne connaissait pas la cause a longtemps amusé la famille... à mes dépens.

J'ai tout de même appris à lire et à écrire et aussi à jouer comme les autres enfants quand on allait, pour la récréation, au jardin du Luxembourg, plus beau encore, avant l'invention de cette Ecole de Pharmacie qu'on aurait bien pu édifier à la Glacière ou ben à la Tombe-Issoire.

Quant aux maîtres chargés de la surveillance dans l'Institution, ils étaient plutôt pleins de mansuétude, les pauvres, surtout deux minables Polonais réfugiés et revêtus de leur costume national; mais le maître chargé du transport en voiture avait la fâcheuse manie d'arracher des poignées de cheveux aux élèves.! Oui, vilain Blücher, pourquoi arrachiez-vous les belles boucles de ce si joli petit Grec Gycas Docost?...

Un beau matin, notre omnibus scolaire et funéraire se trouva arrêté par le passage d'une troupe de fantassins : nous nous précipi-

Mémoire.

Ecriture.

tâmes aux vitres, car nous avions entendu parler d'un nouveau fusil, meilleur, disait-on, que le fameux fusil à aiguille, le vainqueur de Sadowa !... En effet, ces soldats portaient bien un fusil sans chien... oui, c'était bien le Chassepot, le chassepot qui, cinq ans plus tard devait tuer hélas, autant de Parisiens que de Prussiens !...

Dans cette pension Boniface, j'ai appris à lire et à écrire, c'est entendu; mais c'est de sa voiture que j'ai appris à connaître le vieux Paris et ses transformations les plus regrettables. L'omnibus scolaire allant quotidiennement quérir et ramener les écoliers à domicile, il s'ensuivait que son parcours était des plus variés à travers la capitale; et nous, ses voya-

geurs, sans être ahuris par la bousculade dont sont, dans les rues, victimes les petits Parigots, nous regardions, les uns machinalement, les autres dont moi, avec profit, et les passants et les maisons.

Chaque quartier et même chaque rue avait encore son caractère bien distinct : ainsi du Gros-Caillou et de la rue Saint-Dominique, aujourd'hui devenu quartier aristocratique et qui, de mon temps, était populaire et militaire.

Le Gros-Caillou était alors comme qui dirait un gros village enfermé entre une sombre forêt et un grand désert : l'esplanade des Invalides, ombragée par des centaines d'arbres séculaires et le Champ-de-Mars, encore bordé des fossés creusés lors de la Fête de la Fédération, s'étendant jusqu'aux usines Cail de Grenelle et surplombé par l'escalier du Trocadéro.

LE PARADOU

Le vaste rez-de-chaussée que nous occupions au 160 de la rue Saint-Dominique donnait, d'un côté, sur une grande et triste cour, et, de l'autre, sur un grand et très beau jardin dont nous avions la jouissance. Ce jardin prolongé d'autres jardins était mitoyen de la cour de « l'Institution Oudot », pensionnat de demoiselles ; ce pensionnat existe encore ! Naturellement, quand il faisait beau, j'étais encouragé à multiplier mes ébats dans notre jardin : de beaux arbres, des fruits, des fleurs, des oiseaux, des papillons et des insectes, ah ! il y avait bon pour un enfant, pour un artiste !

D'après le souvenir persistant, à croire que j'ai pu le noter, car il s'agit ici de la mémoire de l'oreille, je ne crains pas de dire aujourd'hui, même après le chef-d'œuvre de Gustave Charpentier, le charme que je trouvai, de ma verdoyante solitude, à écouter le bruit lointain de la grande ville et qui accompagnait les chants commerciaux de la rue voisine. Mais quand il pleuvait et que je restais le nez à la fenêtre donnant sur la cour, pourquoi donc aimais-je à pleurer aux sons de l'orgue de Barbarie?... Mon âme était donc alors l'âme sœur de celles des bons toutous?...

J'ai, évidemment, toute satisfaction de ma carrière artistique, et pourtant je regrette amèrement de n'avoir pas reçu la moindre instruction musicale, car j'ai Euterpe en adoration [1]. Toutes les filles d'Apollon ne sont-elles pas égales en beauté? Oui, mais voilà, il faudrait vivre trois cents ans, pas moinsse, pour les cultiver toutes!... Si nous retournions au jardin?

Pas plus que du charme de l'harmonie du lointain je ne me suis rendu compte, un jour que je grimpais, comme d'habitude sur un prunier, d'éprouver une défaillance si étrange qu'elle me fit désormais regarder cet humble prunier comme devant être l'arbre du mal!... Et je n'avais pas tout à fait tort, car cet arbre que j'escaladais me fournissait ainsi le moyen de dominer le mur mitoyen et de plonger un regard ravi dans la cour de récréation de Mesdemoiselles mes voisines, parmi lesquelles, sans jamais la moindre manifestation de ma part, j'avais des préférences. Malgré l'épais feuillage de mon arbre, les gamines m'avaient découvert, et, à force de me lancer sauvagement des pierres, elles m'avaient forcé à déguerpir.

Aussi, le soir même, ma surprise et mon indignation furent-elles au comble de voir entrer, chez nous, une longue et sèche personne se plaignant, au nom de « Madame la Directrice » du pensionnat, de ce que je jetais des pierres à ses élèves et, comme preuves de ma culpabilité, elle montra à mes parents, pour le moins trois kilos de cailloux qu'elle avait apportés dans son tablier noir!

Ah : les méchantes petites menteuses!... Et je fus moins mortifié de la réprimande imméritée que de me voir incompris. Car, au contraire des

mauvais petits garçons, mes contemporains, que je voyais, dans la rue, courser les « quilles » pour les huer et leur tirer les cheveux, j'aurais adoré la compagnie des petites filles. Hélas, enfant et même à l'époque de la puberté, j'ai été privé de la fréquentation si bienfaisante de la

(1) Au Lycée je devais apprendre le tambour!

fillette et de la jeune fille ! Mon père au Mexique, les intimes seuls fréquentaient la maison, et il se trouvait que c'était pour la plupart des personnes âgées ou sans enfants de mon âge. Ce désir de la compagnie de gamines n'a fait que croître avec l'âge et, rappelé en temps et lieu, il fera comprendre la gentillesse de notre petit coin de la rue Véron, à Montmartre.

Par compensation, à cause de la qualité de mon père et de celle de mon oncle, capitaine aux Dragons de l'Impératrice, j'ai beaucoup fréquenté les militaires, joué et bavardé avec nos ordonnances grenadiers, lanciers, dragons, voltigeurs, soit chez nous, soit à l'Ecole Militaire.

De temps en temps, je suivais mon oncle au Café Houdaille, sis au coin de l'avenue de La Motte-Piquet, en face l'Ecole et, de ce café, surtout les jours de l'an et du 15 août, fête de l'Empereur, j'avais comme une vision du Camp du Drap d'Or ! Toute la magnificence des tenues d'officiers de la Garde Impériale éblouissait ce coin de Paris et me laissait en extase. Depuis cette époque, aussi bien des officiers que des soldats, je puis dessiner et peindre les uniformes ; et sans plus de documents que celui du souvenir. Bien que je ne sois pas devenu peintre militaire, j'ai souvent fourni la preuve de ce que j'avance dans certaines de mes compositions.

A deux pas de cette vaillance dorée, la vieillesse grotesque et les guenilles : un vieux montreur de rats baptisé : « le père Biscarreau » par la garnison de l'École Militaire, faisait également ma joie quand les ordonnances m'emmenaient le voir opérant auprès du Champ de Mars. Son domptage était pourtant de la plus grande simplicité, mais avait la manière. Il prenait ses rats un à un et les plaçait, de force, sur un bâton élevé au-dessus d'un panier, disant d'un air farouche — « Voyez comme ils montent ! puis, d'une main lourdement appesantie, il faisait dégringoler les pauvres bestioles dans le panier, disant simplement » — « Voyez comme ils redescendent !... râoufle !... » et il fallait voir sa tête de Neptune en furie ! Il avait aussi une chouette, Mlle Célina, et deux chiens caniches, l'un teint en rose et l'autre en vert, aussi bien dressés que les rats. Vingt ans plus tard, j'ai retrouvé le père Biscarreau vendant des images d'Epinal auprès de la Madeleine ; il était certainement centenaire — j'ai eu envie de l'embrasser — râoufle !

LA RUE — LES FÊTES

J'adorais la rue, bien que je n'y passais que tenu en laisse. Quel fracas d'enfer y faisait, en sautant, sur ses gros pavés, l'omnibus Grenelle-Porte-Saint-Martin avec ses voyageurs dessus-dessous, et si bien décidés au long parcours que le conducteur, pareil à celui de l'ancienne diligence, avait le loisir et le choix de s'asseoir ou sur une courroie de cuir tendue ou sur une banquette rabattue, face à la rue.

Il va de soi que j'étais saisi de respect devant le correct sergent-de-ville, en queue de morue, le tricorne sur l'oreille et l'épée au côté : tous les sergents de ville ressemblaient alors à l'Empereur des images d'Epinal !

Combien, auprès du sergot si bien astiqué et cosmétiqué, me paraissait pitoyable la scandaleuse apparition du mitron en jupon, en savates, le nombril à l'air et traversant la rue pour aller chez le chand d'vins. Je m'apitoyais sur le sort de cet homme que je croyais esclave puisqu'il était nu !

Mon étonnement fut plus grand ce jour où je fus à même de contempler un Guys nature et genre léger. Un beau soir que, par extraordinaire, parti en commission, je longeais le trottoir, je fus arrêté par un magnifique sergent « bras d'or » des Grenadiers de la Garde qui me remit une pièce de deux sous en me disant d'aller, là, à deux pas, rue Nicot et de monter chez une dame X... afin de la prévenir de sa visite imminente. J'exécutai ce que je prenais pour un ordre et fus reçu par la dame très décolletée mais en pantalon. Je lui fis la commission, et comme je lui remettais la pièce de deux sous de la part du sergent, elle parut furieuse et me poussa à la porte. Je ris encore à la pensée que le galant grenadier, à cause de ma simplicité, a dû être reçu... à la façon de Barbari, biribi mon ami. Bien entendu, j'eus tout de même conscience qu'il fallait taire, chez nous, cette étrange aventure.

« Pour l'entretien de not' p'tite chapelle? » Ce sont des petites filles et des petits garçons qui tendent au passant, une petite soucoupe pour y recevoir des petits sous.

C'est en effet le jour de la Fête-Dieu. Aux portes petites ou cochères, sur une marche, sur un tabouret, sur une chaise, resplendissent d'innombrables petites chapelles illuminées. Il y en a de plus ou moins richement décorées, mais j'admire et je voudrais être de cette Fête qui est celle des petits enfants du peuple. C'était là, dira-t-on, jeux de bigoterie ; peut-être, mais combien utiles, et vous allez voir comment. Ces enfants étaient surtout enchantés d'avoir l'occasion de faire du joli, du beau et avaient l'instinct, le goût de la décoration. Il y avait là de l'ingéniosité et de l'émulation. Sans compter que c'était, pour les fillettes, un but excitant pour faire de la broderie, de la dentelle dont, longtemps à l'avance, elles rêvaient d'orner la belle petite chapelle. Non, ce n'était pas bête, et depuis on n'a pas trouvé mieux.

Pour nous autres enfants, peut-être trop tendrement gardés, il y avait aussi les joies qui font aimer le foyer et en conserver un doux souvenir. Toutes les fêtes étaient exactement célébrées à la maison, notre grand'mère y tenant religieusement.

C'était la Noël avec son petit arbre, et puis les Rois, avec les joies de la galette ; suivaient aussitôt les Saints Innocents, fête, pour nous les gosses, particulièrement agréable, parce que, ce jour-là, du matin au soir, nous étions les maîtres absolus ! Nous commandions aux parents, aux domestiques et nous étions exaucés et obéis ! Puis, c'était le jour de l'An, pardi !

Enfin, le 7 mars, la Saint Thomas, autre fête agréablement farce : pourquoi la Saint Thomas, personne de nous ne portant ce nom ? J'ignore encore l'origine de cette fête qui permettait d'enfermer, par surprise et tour à tour, les parents dans la pièce où ils se trouvaient et qui ne pouvaient être délivrés qu'en promettant une faveur ou un cadeau. Maman, qui était une femme très active, très vive, ne s'attendait jamais à cette fête, de nous jamais oubliée ; d'abord furieuse d'avoir été surprise, elle secouait la porte, nous promettait des calottes, puis, sur les cris répétés — « C'est la Saint Thomas ! », elle finissait par accepter gaiement à son tour l'infériorité légale de sa situation. Venait ensuite la Mi-Carême où le comte de la Mi-Carême descendait par la cheminée, pour notre plus grand bien, ainsi d'ailleurs que le grand Saint Nicolas. Enfin venait Pâques, et nous cherchions nos œufs cachés, de ci de là, dans le jardin. Le saint patron ou la sainte patronne de chaque membre de la famille était exactement fêté et la série de ces fêtes était close par celle du 15 août, fête de l'empereur, dont le régal extérieur était la vue du champ de foire, des illuminations et du feu d'artifice.

LES JOUETS

Pour moi, le plus petit, mais qui dessinais déjà, lors de toutes ces fêtes où s'exerçait la générosité des parents et de leurs amis, il y avait un point noir dans la réception et la distribution des jouets ; à moi les moutons, les toutous montés ridiculement sur un soufflet criard, à moi le gros moine avec, dans le ventre, des ailes de moulin à vent, à moi le sabre pliant et le tambour à crever ! à mon frère, à ma sœur, les beaux livres, les papeteries et les boîtes à couleurs ! Mais quoi donc?... un crayon, du papier suffisaient comme aujourd'hui à mon bonheur... eh ben alors?

En ces tristes moments, où j'écris, la vue des braves blessés ou mutilés fabriquant si habilement et si utilement pour amener, en France, la renaissance du jouet me remet en mémoire Nicolas, le bon ordonnance qui, à la maison, raccommodait mon joujou brisé ou mieux encore m'en faisait un autre plus naïf, mais plus apprécié parce que je l'avais vu faire. Et, pendant ce travail, je pouvais prendre une leçon d'ingéniosité, d'adresse et de patience. Et comme ce jouet simplement fait, avec du bois, et que j'avais vu arriver à la réussite me comblait de joie quand j'en prenais possession ! Ah ! combien l'enfance de mon temps a, du moins, été heureuse d'échapper à la cruelle hideur du jouet boche ! Encore l'enfance, qui a suivi la nôtre, a eu le bibelot et le joujou japonais si ingénieux, si charmant, mais pour l'enfance actuelle !... ah l'infortunée !

Je frémissais de rage (parlons au passé, n'est-ce pas?) quand je voyais hier encore, dans les menottes françaises, ces objets d'horreur tels que de prétendus toutous à l'horrible strabisme, de gigantesques gorilles en peluche, d'énormes bébés bêtement vieillots et des poupées indécemment trop fignolées ; et surtout cette véritable invasion d'ustensiles de paix et de guerre, en tôle, en zinc de boîtes à conserves, découpés à l'emporte-pièce de telle façon que chaque arête ou chaque aspérité était une menace pour les petites mains... déjà !...

SAINT-DENIS. — LE BOULEVARD

Une de mes joies était d'aller à Saint-Denis voir ma grande sœur Marie, alors élève à la Maison de la Légion d'Honneur, où elle a passé par toutes les couleurs, depuis le vert, l'orange, le violet, le bleu uni, le bleu

LA SURINTENDANTE

liseré, etc., chacune de ces couleurs désignant une classe. Il me revient le souvenir du parloir, une grande salle garnie de bancs et précédée d'un large couloir affligé d'un rébarbatif treillage en bois très serré derrière lequel, doux souvenir de cette triste pécore Mme de Maintenon, les élèves recevaient leurs visiteurs mâles, même leurs grands frères ! Quant à moi, grâce à mes neuf printemps, je voyais ma sœur dans le grand parloir et j'étais aux

UNE ÉLÈVE

anges de me trouver enfin au milieu de tant de filles ! Je vois encore arriver ma sœur tenant, à son bras, par les brides, comme une corbeille, son grand chapeau de paille d'uniforme, vêtue d'une robe, d'une pèlerine et d'un tablier noirs, triste costume égayé toutefois par une petite collerette blanche et par la couleur du ruban de sa classe.

J'admirais surtout de très grandes jeunes filles : c'était celles qu'on nommait les « Dix-sept ans » qui, telle Iris, la messagère des dieux, se paraient, en guise d'écharpe, de l'arc-en-ciel, portaient, en sautoir, un large ruban réunissant les couleurs des classes qu'elles avaient faites. Le jour de la première communion de ma sœur Marie, me trouvant, je ne sais plus comment, seul, dans une des cours de récréation, ces pauvres demoiselles m'entourèrent et se mirent à jouer avec moi... Ah ! chères âmes, faites-moi bientôt pareil accueil au Paradis !...

J'ai dit, je crois, ces pauvres demoiselles? En effet, comme me l'a, plus tard, confirmé ma sœur qui en est sortie, avant ses dix-sept ans, cet internat n'était pas, lui non plus, des plus gais.

On appelait les Surveillantes les « Dames noires », rapport qu'elles étaient en deuil depuis le chapeau jusqu'aux griffes qui plongeaient, crochues, dans le tablier de la pensionnaire passant à l'inspection des cadeaux, la visite étant terminée et cependant que, derrière la barrière de bois, les parents lui envoyaient leurs adieux.

Les Dames, les vraies, les professeurs, étaient toujours chapeautées et portaient, sur l'épaule gauche l'insigne de la Légion d'Honneur. Enfin, j'ai été, une fois, puni de mon indiscrétion par l'effroi que m'a causé l'apparition de la Directrice de l'infirmerie... une tête de mort ! pauvres petites malades !

Quant aux études?... Ah dame, je ne m'en suis guère inquiété, mais à titre de curiosité, je puis dire qu'au temps de ma mère, ancienne élève de la Maison et lequel n'était pas si éloigné de celui de sa fille, on enseignait l'Histoire de France... en vers ! Ma mère m'en citait sur Chilpéric ! hélas, je les ai trop brouillés à la mémoire pour pouvoir les citer à mon tour, mais c'était certainement des vers à quinze pieds au-dessous du bon sens !

Le jour où nous revenions de Saint-Denis, ma grand'mère raffolant d'un tour sur les grands boulevards, nous nous dirigions, à pas lents, en flânant le long des magasins, vers Désiré Borin, petit restaurant du boulebard Montmartre, où la table était exquise; puis, après dîner, nous allions prendre le café au café Véron ou chez Bignon (café Riche).

Au café Véron, les deux jeunes caissières m'installaient auprès d'elles [1] au comptoir et me donnaient plume et papier pour dessiner et les amuser ; au café Riche, le brave père Bignon me régalait toujours d'un beau fruit : je l'ai retrouvé, plus tard à Cahors, chargé du banquet offert dans cette ville à Gambetta. Ceci est rappelé à seule fin de pouvoir saluer la mémoire d'un des derniers vétérans de la cuisine française.

En passant devant le Perron de Tortoni, nous ralentissions encore le pas, pour permettre à notre grand'mère de contempler et de nommer les célébrités qui y étaient attablées et que la modestie n'avait pas l'air d'étrangler comme elles étranglaient leurs perroquets !

Ah ! brave et vénérable dame, quelle incrédulité eussiez-vous exprimée si on vous eût dit, qu'en repassant vingt ans plus tard, vous pourriez voir votre propre-à-rien de petit-fils buvant et causant avec Aurélien Scholl et Alfred Stevens !... vos admirations !

Les Boulevards !... Les Grands Boulevards !... enfin le Boulevard ! Moi qui ai assisté à sa déchéance, je puis dire qu'à cette époque, ils devaient mériter leur réputation d'élégance, de politesse et d'esprit. Peut-être étais-je bien jeune pour en juger? Erreur! Comme le chien, l'enfant a le flair très subtil devant une inquiétude, une antipathie justifiée ; le chien grogne et se réfugie dans les jambes de son maître, tel, alors, l'enfant pleure et se réfugie dans les jupes de sa mère. Eh bien ! je puis affirmer qu'alors que j'étais gosse, je n'ai pas vu, sur le Boulevard, autant d'aussi sales gueules qu'en ces tristes dernières années, depuis 1891 !

Il y avait, à cette époque, tout le long qu'à larges trottoirs, face à la chaussée ou face aux maisons, des rangées de chaises et de fauteuils de fer payants qui se garnissaient de gens gourmets de la conversation ou curieux de la vie qui passe. Ce dernier plaisir, qui a été remplacé par le thé-caquetage, et qui était essentiellement parisien, n'a jamais été compris de l'étranger.

Il y avait les plaisants passages si brillamment éclairés par des magasins

---

(1) L'une d'elles est actuellement directrice d'une galerie de tableaux, rue Tronchet.

 délicieusement achalandés et ils étaient toujours animés d'un incessant va-et-vient.

 Je ne puis me souvenir si la... cocotte, ou la pieuvre, ou la biche, dominait, à cette époque, sur le Boulevard, ne connaissant alors que la cocotte en papier et que *La Biche au Bois* que j'ai vu jouer à la Porte-Saint-Martin [1] : et puis à ce moment de l'apogée de la crinoline, pour moi, toutes les femmes étaient pareilles, ou pour mieux dire, étaient égales en hideur, en ridicule. Ce n'est pas en haine de celle que j'ai portée si longtemps, mais je jure que j'avais conscience que cette mode impériale était odieusement grotesque...; pauvre maman, elle si jolie !... En plus de la crinoline, il y avait le chapeau, minuscule mais à brides énormes, nouées en boucle, sous le menton, et à bavolet, manière de couvre-nuque mi-rigide et à volants qui laissait apparaître un chignon postiche adoptant la forme du nœud de cravate du prétentieux fonctionnaire.

On voyait encore dans des chevelures, peut-être belles, étinceler la lueur sinistre de l'acier !... pouâh ! Et puis l'énorme coupole que formait la crinoline était surmontée d'un bolero amour ou d'une petite veste à la

zouave !... la veste, c'est le père et la mère Badinguet qui l'allaient bientôt remporter !... « Râouf ! », comme disait mon ami Biscarreau ! Oui, oh oui, ce règne a été le règne de la bêtise et de la laideur : en ce temps-là vivaient

[1] Pièce féerie où je me souviens avoir vu des femmes nues formant caryatides.

Corot, Théodore Rousseau, Millet, Lépine, Manet-Thécel-Pharès !..
Eh bien ! c'était le beau Marcelin qui était le Rubens de cette folle et à jamais criminelle génération ! Ah bien sûr que j'aimais mieux dessiner des soldats et des Mexicains.

BRUXELLES

Cependant, au petit tour sur le Boulevard si parisien, notre grand'mère préférait encore celui que, tous les ans, elle se promettait de faire sur le boulevard Anspach ou au bois de la Cambre, et, afin de satisfaire à son légitime désir, nous partions tous gaiement pour Bruxelles-Ixelles, ainsi qu'elle s'exprimait pour désigner sa chère ville natale.

A l'instant même où le train démarrait, sur la recommandation expresse de la grand'mère, tous les trois, simultanément, nous faisions le signe de croix que nous récidivions, à la vue des cimetières qui se présentaient le long du parcours.

Je ne cite pas ce geste sacré pour m'en moquer, à Dieu ne plaise ! mais si je ris, c'est en souvenir de la tête que faisaient alors nos compagnons de route, comprenant bien que ce signe de croix devait être la conjuration d'un accident ou même d'une catastrophe possibles et qui, de plus, leur signalait chaque champ de repos venant s'encadrer dans la vitre de la portière ! Ah dame ! c'est que la bonne maman avait vu venir au monde cahin-caha, le chemin de fer « plus rapide qu'Abd el Kader », et avait pensé, dès le départ, à la mort affreuse de Dumont-Durville ! . . . .

— « Siouplait, Madame, donne-moi tes paqueï ! »
— « Merci, homme, voici trois nickels ! »

Bruxelles !... Ah le vieux et cher Bruxelles où il n'y avait que des Belges, comme à Paris, il n'y avait encore que des Français !... Et le lendemain matin de notre entrée à l'Hôtel des Pays-Bas, rue Montagne-de-la-Cour, quel bon café au lait avec une couque au beurre et un pistolet qui n'était pas de paille comme celui du chat de la mère Michel !

Ensuite au parc où ces dames allaient s'asseoir pour un bon moment, il m'était permis de faire des connaissances et de jouer avec les petites Bruxelloises : j'ai été reçu à coups de griffes, parce que *Fransquillon* ! La grand'mère était gourmande, et nous profitions de son péché mignon en allant manger des huîtres d'Ostende et un bifsteak entouré de frites *A la Faille déchirée* que, plus tard, j'ai retrouvée restaurant de nuit à la mode et rempli de cochons qui mangeaient comme des Allemands qu'ils étaient.

Sans doute parce que satisfaits de ma conduite, mes chers parents

m'ont mené au Théâtre de la Monnaie, et j'ai vu la cantinière de mes rêves, Mlle Artaud : on m'a dit que c'était *La Fille du Régiment*. Ah ben, quand j'aurai tiré au sort, je demanderai au père de me faire entrer dans ce régiment-là... corbleu !

Bien qu'encore ignorant de l'histoire et des styles, je n'étais pas insensible à la beauté de la place de l'Hôtel-de-Ville. Mais ce qui me frappa le plus, ce fut le Musée Wirts, installé dans le local même qui avait été l'atelier de ce peintre étrange mais de talent; et, en effet les œuvres de cet artiste flamand sont assez effarantes. Il y a là vraiment de quoi vous donner le cauchemar, jugez-en.

On voit une mère folle qui découpe son petit enfant pour le faire cuire dans une marmite ! Il y a l'enterré vif qui crève, de ses pieds crispés, son cercueil ! Ici on suit les émotions d'un guillotiné ! Enfin là, c'est « Napoléon en enfer » où il est traité comme le sera, plus certainement et plus justement Guillaume n° 2, le bourreau de la Belgique !

Mais voici ce qu'on lit, hélas, sur le cartel d'un tableau abominablement sadique — « Le soufflet d'une dame belge » ! Le soufflet de cette dame déshabillée et violentée consiste à brûler, d'un coup de pistolet... celui-là d'arçon, la cervelle à... un soldat français !... Considérant que le costume de nos fantassins de la ligne n'a guère varié, de l'Empire à Louis-Philippe, je me demande encore si, pour ce sinistre tableau, le peintre ne s'est pas inspiré du... Siège d'Anvers ?... Ah dis-moi, ombre inquiète ! dis-nous si, à l'aspect de la Belgique, ta patrie martyre, si, eu égard de la façon dont la dame belge est, aujourd'hui, traitée, tu ne voudrais pas, au prix de ta rude vie à recommencer, tu ne voudrais, dis-je, transformer ton soldat fransquillon en soldat boche?

On rencontrait souvent, dans la rue bruxelloise, un monsieur portant de longs cheveux blancs sous un feutre noir à larges bords et une fière barbiche également blanche pointant sur une collerette immaculée. Son costume sévèrement noir, qui me paraissait étrange, me rappelait quelques graves personnages que j'avais remarqués dans des tableaux du Musée ; il avait l'air d'être sorti de l'un d'eux pour aller se promener. Je n'éprouvais, à son aspect, nulle envie de m'en moquer, d'abord parce que j'étais élevé dans le respect de la vieillesse, et puis, parce que j'admirais plutôt ce portrait vivant de l'ancêtre que je voyais d'ailleurs saluer avec déférence, et sur la place de l'Hôtel-de-Ville, c'était lui qui avait l'air de circuler parmi une foule étrangère au pays.

LA VIEILLESSE

Non, là, vraiment, l'humanité n'est belle que reproduite en marbre ou en peinture.

C'est en allant faire une visite à de bons vieux amis de ma grand'mère que je compris d'un coup pourquoi la vieillesse qui n'est pas, comme la mort, un malheur certain, avait tant besoin de l'illusion de notre respect.

Nous trouvâmes donc, un beau matin, cette bonne madame M... en train de suspendre, par les jambes, un pantalon qui me parut atroce parce qu'il était retourné — « Oui, ma chère Clara, à présent, il fait pipi dans ses culottes, sais-tu ! » M. M... fait dans sa culotte, comme moi avant d'avoir l'âge de raison !... je ne comprends plus. Alors la vieillesse n'est plus l'âge de raison? Alors, le beau vieux seigneur que je vois passer avec tant de respectueuse admiration... lui peut-être aussi?... Et moi qui me pâmais devant cette belle gravure *La Cinquantaine* ! » A l'instant, je me mis à rire en voyant, dans cette image populaire, apparaître au lieu et place des deux charmants vieillards, Mme Martin fouettant le père Brédezel parce que... lui aussi !

» Enfant, il faut avoir le respect de la vieillesse ; ils ont vu de terribles et grandes choses, les vieilles gens ! »

Ben alors, pourquoi ne ai-je jamais entendus, les vieux qui m'entourent, parler de ces terribles et grandes choses? Dire que de mon temps il y avait à la Cour des Tuileries une dame d'honneur, la veuve d'un ancien page de Louis XVI et que, sur les quais on voyait encore récemment un bouquiniste portant la queue ! Ainsi de mon grand'père Willette qui avait quatre-vingt-seize ans quand j'en avais onze, qui avait vu, à Trianon, Marie-Antoinette heureuse, qui, garde national, était de service au pied de l'échafaud quand Robespierrot y est monté comme c'était bien son tour, qui avait été du siège d'Huningue avec Barbanègre, enfin qui avait été l'ami de François Rude, lui qui aurait pu trouver en nous des auditeurs attentifs, il ne nous a jamais rien dit, jamais rien raconté ! Et ce n'est pas la santé morale et physique qui a manqué à ce beau vieillard.

Ces hommes qui avaient vu de si terribles et de si grandes choses alors qu'ils les taisaient, avaient peut-être senti la nécessité de l'oubli, ou bien ils s'étaient butés contre l'indifférence de l'actuelle génération, de cette frivole génération du second Empire à laquelle nous devons la honte de 1870 et l'angoisse de l'heure présente (1918) ; parfaitement !

Je penche pour la dernière hypothèse quand je me reporte à ce jour du 5 mai où passant, avec ma mère, sur la place Vendôme, je vis déboucher, de la rue Castiglione, un cortège de vieux déguisés, car, avant toute explication, je le prenais pour une mascarade. C'était ce qui restait des « Vieux de la Vieille » encore assez valides pour endosser la tenue de leurs anciens régiments, et pour apporter « fleurs et couronnes » au pied de la colonne dont ils avaient fourni le bronze. Il y avait de ces vieux braves coiffés de bonnets à poils tout râpés, tout galeux, de casques mangés par la rouille et portant des guêtres, en tire-bouchon, sur leurs anciens mollets. Je me souviens surtout d'un grand diable de lancier rouge et tout voûté... « Ah maman ! que j'ai peur ! »... Eh bien ! vous m'entendez bien, pas un passant ne s'est arrêté ni pour saluer, ni même pour contempler ce spectacle qui a sans doute inspiré l'illustre Raffet ! [1] Ah je comprends, aujourd'hui, pourquoi le chef-d'œuvre de ce grand artiste *La Revue aux Champs-Elysées* a attendu si longtemps pour être compris, et puis admiré.

A ce triste souvenir du 5 mai, je tremble !... Le passé est la prédiction de l'avenir.

O chers et vénérables survivants de cette lutte libératrice, glorieux héros de la Marne, de Champagne, de Verdun !..... je tremble... mais je prie pour que votre vieillesse soit plus heureuse et plus honorée que celle de vos anciens d'Austerlitz, d'Iéna et de Montmirail !...

NAPOLÉON III

— « Hé Lambert !... Ohé Lambert !... » J'ai bien envie de crier comme les loustics — « Hé Lambert !... Ohé !... Lambert !... » mais c'est défendu par les parents et par la police ; paraît que ce cri embête l'Empereur que je viens, toujours avec maman, de croiser sur le trottoir du Ministère des Affaires Etrangères, des — « Afaire peur » ! comme dit notre ordonnance Nicolas. Encore une désillusion ! Non ce n'est pas Charlemagne ; c'est un monsieur en redingote et en chapeau haut, oh combien haut ! de forme, qui se promène, de long en large, avec deux messieurs qui lui seraient

---

[1] Il existe un croquis à la plume de Raffet, représentant une chevauchée de la garde s'enroulant autour de la colonne et qu'a chipée pour la galvauder dans sa fâcheuse décoration du Panthéon, feu ! Detaille, membre de l'Institut !

tout pareils s'ils avaient, comme lui, deux gros rats pris dans le nez comme dans une souricière.

Tout de même je pense, encore aujourd'hui, qu'en cet instant comme plus tard à Wilhemshohe où je devais, lycéen, le revoir d'aussi près, j'ai peut-être bien fait de ne pas crier — « Hé Lambert !... ohé... Lambert !... » Oui, j'ai bien fait, et puis il vaut mieux chanter que crier, c'est plus gentil et ça va avec le dessin, avec la peinture. Tenez ! écoutez le peintre en bâtiment qui travaille là-haut... hein, ce qu'il en met quand il chante — « Tiriti friton fritaine... pihouit ! »

Alors moi qui suis aussi un artiste, je chante « Rien n'est sacré pour un sapeur ! » ou ben — « C'est moi qui suis la femme à barbe ! » C'est Thérésa en chair, et, alors, surtout en os, qui m'a appris ces belles chansons, à l'Alcazar, où j'ai été avec grand'mère qui raffolait de cette artiste chantant comme si qu'elle aurait eu vraiment de la barbe.

Ou ben alors quand je dessine des zouzous à San Lorenzo ou à Puebla, c'est sur un air de clairon :

« Si tu n'as pas d'réal,
« Tu n'auras pas d'mescal !

« Si tu n'as pas d'quartil,
« Tu n'auras pas d'tortil ! »

Tenez ! le souvenir de ce refrain de grognard résigné que je tiens de notre père « le Padre » comme ses camarades et puis ses enfants l'appelaient affectueusement, me fait découvrir, aujourd'hui même, que nos soldats ne se conduisaient pas au Mexique comme autrefois les cruels Espagnols de Fernand Cortez et comme les Boches en pays conquis ! En effet, quand le troupier français n'avait ni réal, ni quartil, c'est-à-dire pas le sou, il se passait du régal de la boisson et de la pâtisserie [1].

(1) Le réal est une monnaie espagnole, le quartil est une monnaie mexicaine ; le mescal est de l'eau de vie et le tortil est une galette également du pays mexicain.

L'EXPOSITION UNIVERSELLE

Ça y est !...
L'Exposition universelle elle est ouverte ! Pour édifier le palais central l'architecte n'a eu qu'à s'inspirer du goût de ses contemporains, à tourner sans cesse et sans but comme l'écureuil dans sa cage pivotante : ce palais est composé de plusieurs cercles... on tourne autour, on tourne dedans.

Malgré ma fiévreuse impatience je n'y ai été mené que quelque temps après l'ouverture. Deux grands événements étaient survenus chez nous, à ce moment et le même jour ; l'un triste, l'autre heureux : le décès de notre grand'mère maternelle et l'arrivée du Padre, retour du Mexique.

Pour rentrer à la maison, mon père, en petite tenue, a dû soulever la noire tenture !... C'est moi, à la fenêtre, qui l'ai vu le premier. Si j'en juge par l'impression que j'ai ressentie, à son aspect, les pauvres Mexicains devaient avoir rudement peur de lui... Cependant je ne devais pas tarder à m'apercevoir qu'il était la bonté même.

Et ce qu'il avait dû bien travailler et bien profiter durant les cinq années qu'il avait passées au Mexique, pays de l'or !... Jugez-en, en assistant, avec moi, à l'ouverture de sa grande caisse renfermant les souvenirs de ses campagnes.

Approchez aussi, ignobles guerriers Teutons, et vous allez voir en quoi consistait le butin de guerre d'un officier français.

De cette caisse, mon père a retiré successivement et à ma religieuse admiration :
1º Une sarapé ou manteau-chasuble avec un trou pour y passer la tête.
2º Une manière de pantalon en poils de chèvre et à pattes d'éléphant.
3º Un sombrero de peone en paille dure.
4º Une ceinture de cuir avec pochettes pour... y mettre de l'or.
5º Des ananas.
6º Une carabine de guerillas — à deux coups.
7º Une lanière ou cravache de cuir blanc.
8º Une paire de gros éperons d'acier à roulettes ciselées et dentelées.
9º Trois figurines en chiffons coloriés représentant des types du pays.
Enfin, dixièmement, un lasso en corde d'aloès qu'il savait adroitement manier et dont le solide nœud coulant faillit, quatorze ans plus tard, servir pour mon usage personnel...; il a failli, mais ça porte tout de même bonheur, c'est pourquoi je le garde précieusement.

Eh bien ! le Boche, qu'en dis-tu? Si, après la guerre, tu n'avais rapporté chez toi, à ta femelle et à tes petits que cette pacotille, ben, mon cochon, qu'est-ce que t'aurais pris pour ton rhume?...

Ainsi, pour l'instant du moins, il n'y avait rien pour moi, mais je contemplais mon père, et il m'apparut beau, avec un galon, en plus, à sa belle torsade d'or et avec la rosette sur son ruban rouge.

Enfin, j'ai été mené à l'Exposition.

Tout d'abord, j'ai pu approcher du ballon captif... captif?...

« Ah hyahaille ! *bis*
« V'là c'que c'est
« C'est bien fait
« Fallait pas qu'y aille *bis*
« V'là c'que c'est
« C'est bien fait ! » [1]

Oui, c'est bien fait, ça lui apprendra à ce Géant à se trotter dans les Hanòvres avec

Nadar ! [2]

---

[1] Le peuple est cruel pour les novateurs malheureux.
[2] Cette signature dorée était l'enseigne de cet artiste photographe qui fut un brave cœur.

Puis, j'ai vu un autre géant qui était un grand Chinois et qui avait pour compagnon un affreux nain qui était Chinois aussi mais tout petit, tout petit, un vrai magot : comme il était de ma taille, j'ai cru qu'il était de mon âge et, histoire de rigoler, j'ai tiré sa natte comme un cordon de sonnette... Ah ben il m'en a fait un œil, le nain jaune !

Sorti avec quel soulagement de ce repaire de monstres peut-être magiciens, me voici déambulant le long du pourtour de l'Exposition, et le spectacle qui s'offre alors, à ma vue me paraît encore plus séduisant que celui d'une récréation au « Pensionnat Oudot » ! C'est une longue rangée de très jolies Américaines qui servent aux bars établis à l'extérieur, tout le long du palais central. J'ai entendu dire que ces dames sont, avec l'ascenseur, le plus grand succès de l'Exposition...

J't'écoute, mon gosse ! mais je ne ferai pas le croquis qui rappellerait la façon dont ces beautés empoignaient un levier, système tout nouveau pour pomper la bière et ce, par crainte, de voir ce jeune « toqué » de Leloir recommencer la mauvaise et indécente plaisanterie dont j'ai failli être la victime au Palais de Justice. [1]

J'étais aussi très féru d'une nouvelle machine, une grande cage dans laquelle on était hissé et déposé sur le toit du Palais et dans laquelle on descendait ensuite : c'était l'ascenseur ! Aujourd'hui que cette mécanique est d'un usage courant, j'en ai un tel trac que je préfère gravir les étages à quatre pattes.

Avec les monstrueux canons Krupp qui faisaient l'admiration des Français, si gentiment benêts, avec les scaphandriers faisant leurs exercices dans un puits et les charmantes ouvrières qui travaillaient à la machine à coudre, c'est bien là tout ce que j'ai retenu de cette Exposition Universelle, la seconde depuis 1855, mais qui aurait dû, à mon humble avis de Parisien, être la dernière.

A cette époque, nous quittions la rue Saint-Dominique pour venir habiter au 77 de la rue de Grenelle : tristesse de perdre le beau et cher jardin !

Mais alors j'eus, pour compensation, le bonheur d'aller à Auteuil où mon père m'emmenait souvent voir son ami le peintre Adolphe Beaucé, qui avait sa villa et son atelier au Parc des Princes.

Quand je pénétrais dans l'atelier, je me sentais envahi d'une joie mélangée d'un respect religieux. Tout en aspirant, avec 'délices, la bonne odeur de la toile vierge et celle des essences, je contemplais le pittoresque des uniformes, des costumes et des armes et les nombreuses esquisses ou études accrochées au mur, et je venais ensuite, silencieusement, regarder peindre l'artiste.

(1) Jeune substitut qui devait me poursuivre pour un dessin paru dans « Le Rire ».

Baucé était le type du peintre [1] qui a lutté vaillamment pour la vie ; franc, toujours de belle humeur, il était bon comme le bon pain. Un jour, ô joie, il m'installa à un chevalet, devant une belle toile blanche qu'il m'invita à barbouiller... puis retourna causer avec mon père, probablement sans cesser de m'avoir à l'œil. Et moi, j'étais si pénétré du feu sacré qu'impitoyablement je restais sourd à l'invite pressante d'aller jouer, avec elle, dans le jardin, que me faisait ma gentille petite amie Louise, la fillette du peintre ! Le résultat de cette expérience renouvelée ne devait pas être trop ridicule, ainsi que je l'avais deviné à l'air de satisfaction non dissimulé de mon père et de l'artiste, son ami et le mien...

Merci, Adolphe Baucé !

Mais voici que je vais sur mes onze ans... Il y a du mystère autour de moi et je crois bien comprendre qu'incessamment je ne serai plus le plus petit de la maison... [2].

Un beau matin, tandis que mon père discutait, à voix basse, avec ma mère, je chantonnais, en faisant quelque bonhomme, le refrain favori de mon vieil ami Baucé :

> « La peinture à l'huile
> « C'est bien difficile,
> « Mais c'est bien plus beau
> « Que la peinture à l'eau !
> « Un tableau quand il...

Je fus interrompu par mon père — « N'est-ce pas, mon garçon, que tu serais content d'aller rejoindre ton grand frère au Lycée ? »

Et moi qui étais, à ce moment, peintre militaire, tout à la joie de porter l'uniforme, ne fût-ce que celui du collégien, de répondre :

« Oh ! voui !... »

sans voir deux larmes apparues aussitôt aux tendres yeux ! Cette joie cruelle de la part de son inséparable petit compagnon a dû paraître, à la pauvre maman, de la plus noire ingratitude ! Hélas, elle prévoyait que j'étais perdu pour elle... « à jamais !... béeh !... » Quant à moi, je venais, tout bêtement, de me laisser condamner à huit ans de bagne !

---

(1) Baucé était aussi un illustrateur fécond.
(2) Naissance de notre sœur Pepita.

MARIA WILLETTE
(1913)

1868

LE LYCÉE DE DIJON

Notre père, dont les parents étaient propriétaires à Fixin, près Dijon, avait fait ses études comme interne au Lycée de cette ville où, comme je l'ai dit plus haut, mon frère m'avait également précédé : ce fut donc pour m'y interner que mon père prit, avec moi, le plus rapide des rapides.

D'après ce que le père nous avait raconté de son internat de neuf années, la vie qu'il avait menée au lycée n'avait rien d'effrayant, surtout pour un enfant élevé comme il l'avait été, plus que durement, à la maison paternelle. Alors, chemin faisant, je me rappelais que le père nous avait assuré qu'au Bahut on leur laissait cultiver les fleurs, élever de petits animaux :... c'était idyllique, champêtre de son temps ! Avec aussi toute latitude pour dessiner et le port d'un uniforme quasi-militaire, je me faisais à la perspective de cette nouvelle existence, et je ne regrettais pas l'insipide et grotesque Institution Boniface.

D'ailleurs, à mon arrivée à Dijon, l'impression que me produisit cette ville ravissante ne fit pas présager l'emprise, sur moi, d'un cafard prochain et invincible.

DIJON

En l'année 1868, Dijon n'avait pas encore été saccagé et outragé par la bande d'un vilain Chinois de Barabant. Cette noble ville avait encore sa parure de vieux remparts fleuris, son château si solide qu'il a fallu le faire sauter à la boche ! et ses maisons décorées d'admirables sculptures.

De bon matin, on était réveillé par les brayements de quantités de petits ânes qui venaient apporter le lait à la ville. Les boulangers vendaient de délicieux petits pains blancs qu'on faisait griller après les avoir beurrés pour le café au lait : aujourd'hui on ne trouve plus ce genre de petits pains, pas plus d'ailleurs les petits ânes, si ce n'est au Conseil municipal.

Puis, la rue s'animant, on pouvait se rendre compte que « la belle Dijonnaise » n'est pas une personne de légende. De temps en temps, on

 avait la distraction d'un enterrement, le défunt étant porté à bras et précédé du clergé et de chantres chantant avec accompagnement d'ophicléïde, et de tambours, si le mort était décoré.

Enfin, le soir, c'était, pour le civil et le soldat, le signal du repos gagné par une journée de labeur et de devoirs accomplis, la retraite partant de la place d'Armes pour traverser la ville en deux sens différents. Après avoir, sur place, sonné à l'unisson, aussitôt la dislocation, les clairons, les tambours et les trompettes de la cavalerie, encore trop voisines, formaient une cacophonie joyeuse, mais à mesure qu'ils s'éloignaient les uns des autres pour regagner leurs quartiers respectifs, du lointain, il vous revenait des ondes harmonieuses d'une délicieuse mélancolie.

Le petit Parigot que j'étais, sorti du brouhaha de la grand'ville, se trouvait ravi de revivre les scènes et les décors si vrais de ses chères images d'Epinal. J'en avais, en même temps, retrouvé les figures en la personne de mon grand'père paternel âgé de quatre-vingt-seize ans et veuf, d'un oncle, ancien simple soldat, devenu chef de bataillon en retraite, décoré d'une rosette qui était plutôt une rosace, d'une tante à bonnet et à lunettes d'écaille, et d'une jeune cousine sortie récemment du Couvent des Oiseaux, celui de Strasbourg.

Mais mon père était pressé : il me conduisit presqu'aussitôt, chez une sorte de vieux demi-dieu, un M. de Monti, recteur de l'Académie de Dijon, puis chez le proviseur du lycée M. Guislin, un homme du monde... de la « Bibliothèque Rose », à cheveux blancs et à côtelettes noires. — » Mon-« sieur le Commandant, dit-il à mon père, avec un sourire administratif, « votre fils couchera la première semaine à l'Infirmerie, afin de lui épar-« gner une trop brusque transition. » De la part de cet homme poliment froid, cette marque de sollicitude m'inquiéta assez pour qu'à mon entrée, le soir même, au Lycée Impérial, je remarquais, de chaque côté de la porte monumentale, deux vases qui m'apparurent urnes funéraires.

Et le lendemain matin, à cause de la fatigue du voyage et peut-être des émotions, je dus me réveiller tard, et ce fut, dans une lumière laiteuse très impressionnante produite par la blancheur de rideaux exactement clos que, m'étant mis à genoux sur mon lit pour dire ma prière du matin, je vis apparaître deux têtes, une noire et une rouge qui me regardaient en riant... c'était celle de l'infirmière et celle du jeune surveillant d'infirmerie.

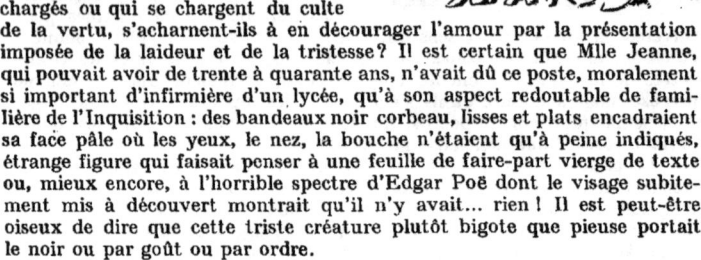

Par quel souci du sérieux les gens chargés ou qui se chargent du culte de la vertu, s'acharnent-ils à en décourager l'amour par la présentation imposée de la laideur et de la tristesse? Il est certain que Mlle Jeanne, qui pouvait avoir de trente à quarante ans, n'avait dû ce poste, moralement si important d'infirmière d'un lycée, qu'à son aspect redoutable de familière de l'Inquisition : des bandeaux noir corbeau, lisses et plats encadraient sa face pâle où les yeux, le nez, la bouche n'étaient qu'à peine indiqués, étrange figure qui faisait penser à une feuille de faire-part vierge de texte ou, mieux encore, à l'horrible spectre d'Edgar Poë dont le visage subitement mis à découvert montrait qu'il n'y avait... rien ! Il est peut-être oiseux de dire que cette triste créature plutôt bigote que pieuse portait le noir ou par goût ou par ordre.

Quant au maître de l'infirmerie, c'était un jeune homme, un étudiant quelconque, un nommé Salmont ; d'ailleurs son poste fut, dans la suite, supprimé comme superflu. En effet, la santé, au Lycée, était merveilleuse, le malade était rare ou mieux n'était jamais reconnu. Pendant les huit années de mon internat, il n'y a eu qu'un décès d'élève, à la suite d'une péritonite, et moi-même je n'ai pas été malade un seul jour !... Ah ! la bienheureuse Mlle Jeanne qui devait finir ses jours gouvernante-maîtresse d'un de nos camarades devenu étudiant !

On trouvera peut-être que je me suis un peu trop appesanti sur ce personnage pourtant féminin, mais il faut penser que je suis un artiste et que, sculpteur, j'aurais volontiers sculpté cette figure, aussi désespérante que celle de Préault, au Père-Lachaise [1], sur la porte d'entrée du Lycée comme étant le symbole de la tristesse qui y était, si bêtement et si durement, infligée à notre jeunesse.

(1) « Le Silence » médaillon sculpté sur le fronton d'une sépulture juive.

UN CAMARADE
Dessin du temps.

CANARD, PROFESSEUR DE CHANT
Dessin du temps.

LE CENSEUR
Dessin du temps.

Caricatures de Professeurs, de Pions et Elève extraites d'un carnet au format restreint, à cause de la surveillance.

LOUIS XIV
Dessin du temps.

POINTU
Dessin du temps.

GUIGNOL, PION
Dessin du temps.

ALLAH AU PIQUA, PION
Dessin du temps.

Caricature de Professeurs, de Pions et Elève extraites d'un carnet au format restreint à cause de la surveillance.

MONSIEUR L'ÉCONOME (Dessin du temps).

TOTOR

« As-tu passé la cinquantaine,
« Considère un seul jour comme une aubaine. »
Raoul Ponchon.

Et, j'en ai eu de l'aubaine, moi qui, demain, s'il plaît à Dieu, serai sexagénaire !... C'est donc parce que je considère ma vie comme étant terminée, normalement, que je me suis cru permis d'écrire mes souvenirs. Eh bien ! de tous ces souvenirs, c'est celui de ma vie de collégien qui m'est encore le plus douloureux : j'ai tout pardonné, tout, excepté mes huit ans d'internat, parce que ce temps a pesé sur ma vie et que je rends responsable de mes plus cruels déboires, affaires, amours comprises, cette éducation de maison de correction.

Et qu'on ne croit pas que j'exagère : trente-six ans après ma sortie de cet enfer, j'avais envoyé une lettre de durs reproches à un ancien maître retrouvé.

Voici la réponse que j'en ai reçu, et qui reconnaît loyalement le bien fondé de ma plainte inapaisée.

R..., 17 *mai* 1910.

Monsieur,

Je suis absolument d'accord avec vous pour déclarer abominable l'ancienne discipline du lycée et particulièrement celle du Lycée de Dijon dont vous et vos camarades avez gardé un si fâcheux souvenir. La discipline actuelle du Lycée de R... ne ressemble en rien à celle-là, pas plus d'ailleurs que le censeur qui a la direction et la responsabilité depuis bientôt neuf ans ne ressemble au répétiteur que vous avez connu autrefois. C'est vous dire que, si je suis bien sincèrement attristé de vos sentiments à mon égard, je ne saurais néanmoins m'en montrer étonné. J. F.

TITRE DE L'ÉCHO DES BAHUTINS

  Un autre ancien maître d'études, mais qui, lui, avait été bon pour nous et que je revois toujours avec plaisir, me racontait qu'étant proviseur au Lycée d'Evreux, ses élèves ne voulaient rien croire de ce qu'il leur racontait touchant la discipline imposée de son temps, au Lycée de Dijon,
  Inutile d'avoir recours à M. le Proviseur ; la plainte d'un élève n'était pas même admise et ne pouvait lui attirer qu'une aggravation de peine. Quant aux parents ?... Ah bien ouitche !... ils recevaient le bulletin trimestriel qui, annoté de la main du Proviseur, les renseignait sur la santé, la conduite et le travail de leurs enfants, et ils y croyaient comme à l'Evangile.
  Pour moi, qui ne venais à Paris qu'aux grandes vacances, j'étais fixé, car pour ce qui était du respect dû à l'autorité, mon père était inflexible, et je n'ai osé me plaindre, à lui, qu'à ma libération définitive : grande alors fut sa stupéfaction d'apprendre que tout n'avait pas été, pour moi aussi rose que pour lui, de son temps. Mon oncle, mon correspondant, également respectueux de la discipline, trouvait tout naturel que je sois privé de sortie presque tous les quinze jours, une année même pendant six mois à l'affilée ! Dès son arrivée, le portier, le père Lagneau, n'avait qu'à lui dire — « Willette consigné ! » et le vieux soldat faisait, sans plus, demi-tour par principes.
  L'homme du monde... de la Bibliothèque Rose, étant parti l'année d'après mon entrée, ce fut un bon podagre qui le remplaça et les élèves trouvèrent aussitôt l'anagramme de son nom — Croûton.

Actualité.

Monsieur, je voudrais demander l'autorisation d'épouser......

Voici, monsieur......

? ?........

— Avez vous des restes ?
— Oui, monsieur, j'ai les lentilles que n'ont pas mangées élèves.
— Ah! très-bien..........

C'est un grand honneur, monsieur

L'instant le plus agréable de la cérémonie.

L'ÉCHO DES BAHUTINS.

Grâce pour eux !   Plutôt pour ceux-ci !

Enterrement civil

Quand il y en a pour 8 il y en a bien pour 38. Et puis il faut des pièces montées bien hautes mais bien creuses.

Maintenant allons dévorer.

LA NOCE DU PATRON.

avant-goût.....   Et là ....

Chât !

Ce digne fonctionnaire pouvait être, dans sa famille, le meilleur des hommes. Mais l'amour de sa tranquillité et la terreur des responsabilités en faisaient un être féroce. Le renvoi des élèves, en masse, ne lui faisait pas peur, et il le fit bien voir, en un jour de révolte très justifiée, car il savait bien que, pour lui, Proviseur de Lycée, à l'encontre du pauvre principal de collège à la merci des élèves et des parents, son traitement n'en serait pas diminué : comment donc ! son accès de rage sénile passa pour de l'énergie et lui valut la Croix ! Voici un trait inoubliable qui donnera une idée de sa direction soi-disant paternelle. Comme le jour où il devait marier sa fille tombait précisément un jeudi de sortie, la fanfare du Lycée, qui était d'ailleurs très bonne, joua, la veille, sous les fenêtres de M. le Proviseur et de sa famille, les plus beaux airs de son répertoire, dans l'espoir d'attendrir le cœur du chef, heureux père, en faveur des élèves punis, mais ce fut en pure perte, les fenêtres demeurèrent closes comme les portes du

Bahut le furent le lendemain, aux consignés... dont j'étais ; mais accroché, en lapin, dans la carrosserie de la mariée, je filais, sans être vu du portier prosterné. Et j'eus encore le toupet d'aller à Saint-Bénigne assister au défilé du cortège !... M'en a-t-y fait un œil, M. le Censeur Franconin ! Ah ! que j'avais du goût ! comme dit Claudine. Mieux encore : dans la semaine qui suivit cet événement, parut dans  *L'Echo des Bahutins*, journal clandestin que dirigeait et composait mon cher ami Stanislas Clair, devenu curé de Saint-Ferdinand-des-Ternes, la noce du Patron dessinée par moi !

S'imaginant peut-être que nous lui avions été confiés par nos parents parce que découragés de nous dompter ou que nous lui avions été remis par décision du Tribunal, cet extraordinaire universitaire crut devoir nous faire appliquer, par des pions, vrais garde-chiourmes, une discipline de maison de correction !... Ah ! le mauvais berger !

Je m'attends à ce reproche— « Ils sont morts ou retraités ceux qui « ont brimé ou faussé votre enfance ! A quoi bon les poursuivre de votre rancune ? » Ils sont morts !... la belle foutaise ! eh bien ! et moi qui vais mourir, ce soir ou demain ? Je veux, auparavant, pour l'histoire de l'Université et pour celle d'une époque méconnue, je veux, je dois stigmatiser l'éducation qui a été infligée à ma génération et qui a été la cause principale de sa résignation, de sa timidité dont ont su, si traîtreusement, profiter les vieux arrivés et aujourd'hui, si lâchement, les jeunes arrivistes pour se f... d'elle ! — parfaitement.

J'ai tout pardonné, tout oublié, hormis cette époque décisive du Lycée, et c'est, précisément, ce pardon ou cet oubli qui va me permettre de passer sous silence, car ces souvenirs ne sont pas des confessions à la Jean-Jacques, quelques-unes de ces infortunes aussi communes à d'autres  mortels qu'à moi et dont les récits fastidieux, les titillantes analyses font la gloire et la fortune de romanciers, d'auteurs dramatiques qui peuvent bien passer à la Porte-Saint-Martin, mais pas toujours sous la Porte-Saint-Denis !—« Nous venons de voir jouer *Le Ruisseau*... Comme c'est bien ça !.. » a osé me dire, il y a quelques quinze ans, en me fixant sévèrement, un mé-

nage *honnêtement* boutiquier. — « Non, redoutables amis, leur ai-je répondu, ayant compris plus tard, bien tard, mais encore à temps, non, Boubouroche peut être dans l'erreur, mais il n'est pas dans le ruisseau !... » Enfin, pour clore cette parenthèse fastidieuse mais nécessaire : comme Job, sur le fumier, pour n'avoir jamais désespéré du Seigneur et n'avoir jamais maudit son nom, me voici, au soir de ma vie laborieuse, récompensé, indemnisé par une affection dévouée et par l'amour de jolis enfants qui ne seront jamais internés dans un Lycée.

Je reviens à la discipline établie dans notre Lycée, comme d'ailleurs elle l'était dans tous les Lycées de France du temps de l'Empire et au début de la troisième République, le mot d'ordre de l'Université étant de mâter, de briser les caractères !

Silence absolu exigé dans les rangs, même en promenade, à travers la ville jusqu'au prochain octroi, en étude, au réfectoire, au dortoir ! Comme chez les bagnards ou les sourds-muets, pour correspondre, entre eux, les élèves employaient un langage mimé.

Ni manteau, ni cache-nez, la tunique hiver comme été, *pas de poches au pantalon*, les bras toujours croisés, en marchant au pas, en étudiant les leçons, et même en récitant les imprécations de *Phèdre* et de *Camille* !

J'ai dit que, durant tout le temps de mon internat, je n'avais jamais été malade, et cela est vrai si la constipation et la rétention d'urine ne sont pas des maladies. Terriblement compliquées étaient les démarches qu'il fallait faire pour aller aux cabinets : tout d'abord l'autorisation du pion de s'approcher de lui, de sortir de l'étude pour aller chercher l'autorisation écrite du Surveillant général ou du Censeur... un jour, j'arrachais, par surprise, celle du portier !... mais alors, qu'ai-je pris pour mon rhume !...

Vous en souvenez-vous, monsieur Frontard ? Il peut m'être objecté que, pour *ce faire*, il y avait les récréations... ben oui, mais quand on était puni jusqu'à la gauche, que le pion chargé du piquet qui devait nous libérer, cinq minutes avant le roulement du tambour, se faisait un malin plaisir de nous lâcher à la dernière minute et de nous voir disputer la porte des

W.-C. tandis que le tambour roulait ? Car le Bahut tenant du couvent et de la caserne, il y avait le son de la cloche et le son du tambour. Ah ce tambour ! Le soldat, lui, est réveillé par le cocorico du clairon ou par les notes si joyeusement égrénées de la trompette, mais nous, enfants, dont le crâne n'était pas encore formé, c'est, au bruit effroyable du tambour, qu'on nous réveillait en sursaut  et qu'on éteignait la joie de nos jeux !... Ah ma tête !... et ce qu'il fichait le camp mon rêve, mon beau rêve d'une vie libre et contemplative, à croire que je connaissais déjà le Cantique de Saint-François d'Assise !

Réveil et lever à cinq heures et demie en été, à six heures en hiver. Tout d'abord à genoux... devant la petite table de nuit, l'élève passait ensuite d'interminables bas bleus... après son pantalon, puis, une serviette en main, allait au lavabo et se lavait, quand l'eau n'était pas gelée, au mince filet d'un petit robinet [1]. Le reste de l'uniforme sautait comme de lui-même sur le dos de l'élève, et c'était l'entrée à l'étude, six heures un quart. Prière du matin, étude et récitation des leçons.

Sept heures et demie. Le petit déjeuner — un quart d'heure de récréation ou de piquet.

De huit heures à dix heures. Classe. *De Senectute Ciceronis*—un quart d'heure de récréation ou de piquet.

De dix heures un quart à midi. Récréation. Etude. Devoirs.

A midi. — Déjeuner.

De midi vingt à une heure. Récréation, ou parloir, ou piquet.

De une heure à deux heures moins le quart. — Etude et récitation des leçons.

A deux heures moins le quart. Récréation pour s'amuser gentiment.

De deux heures à quatre heures, classe.—*De Senectute Ciceronis*.

A quatre heures. Goûter, une chique de pain, achat au portier de douceurs telles que des « Tables de la Loi » (sorte de pains d'épices), de suçons (sucre d'orge), etc., de l'eau, mais du café noir en été.

De quatre heures à cinq heures. Récréation, ou piquet, ou retenue.

(1) Jamais de bain !

De cinq heures à.... huit heures ! Etude.
A huit heures. Souper, puis coucher ou... au piquet au pied de son lit jusqu'à neuf, dix heures !
Total : Deux heures et quart de récréation ou de punitions sur onze heures d'attention, d'immobilité et de silence exigés d'enfants de dix à dix-neuf ans !

Le jeudi et le dimanche après-midi, promenade en silence et deux par deux, en se donnant le bras, tant qu'on était en ville, par quatre, avec faculté de parler, l'octroi enfin franchi.

En faisant le tableau de la journée au Lycée, j'ai dû déjà parler des punitions sans les définir.

Le piquet était formé par les élèves punis marchant les uns derrière les autres autour d'un emplacement déterminé, pendant la durée de la récréation, moins cinq minutes de grâce. Ils devaient apprendre ainsi le plus ou moins grand nombre de lignes qui leur avait été infligé et qu'ils ne pouvaient, pour se libérer, réciter, au pion, que par cinq lignes à la fois et à tour de rôle. Le pion préposé au piquet pouvait, à sa fantaisie, aggraver cette peine soit en exigeant qu'on s'arrêtât à la ponctuation, soit en faisant perdre un tour, sous prétexte que le livre lui était présenté à l'envers, soit qu'il mangeât la consigne des cinq minutes de grâce, enfin soit qu'il interdît par les temps des plus dures gelées, le port de gants ou de moufles de laine. Ainsi qu'il m'en advint, et je veux dire le nom de ce misérable qui était alors assez jeune pour que je puisse espérer que lui, Didier, me lira. Ma mère m'avait donné une paire de moufles qu'elle avait elle-même, tricotées.
— « Willette, retirez vos gants ! » et moi ayant répondu — « Vous avez le droit de me punir mais non celui de me faire souffrir ! » la brute se jeta sur moi et arracha de mes mains mes moufles, qu'afin que je ne puisse reprendre, il piétina dans la glace du ruisseau !

Ce geste m'en rappelle un autre non moins odieux dont fut victime un petit camarade : cependant que, caché derrière son Quicherat, il aspirait, avec quelles délices ! une belle rose donnée par un demi-pensionnaire, le pion vint à pas de loup, saisit la fleur et l'écrasa sous son talon !... j'ai, alors je crois, étouffé un cri d'horreur !

La possession d'une fleur était en effet un délit ! Et mon père qui nous racontait que, de son temps, on leur laissait cultiver les fleurs !... Je crois bien aussi que le souvenir de cet acte de vandalisme m'a inspiré, dans le *Chat Noir*, un de mes dessins-poèmes : *Mon rosier est mort !*

Autre genre d'abrutissement : la petite retenue ou la retenue de promenade consistait à écrire sous une dictée rapide et sans autre repos que le temps d'être invité, à l'improviste, à se relire, toute la durée de la récréation de quatre heures ou celui de la promenade, soit durant trois heures ! Comme cette science n'était pas enseignée au Bahut, les pions qui étaient étudiants ou en médecine ou en pharmacie, trouvaient plaisant de nous dicter de la botanique ; l'argot si pédantesque de cette science nous effarait, nous déroutait, cependant que le pion narquois dictait — « Les Dilléniacées, « famille de végétaux exogènes, hypogynes, dépourvus de stipules, à fleurs « dichlamydées, à corolles imbriquées, les anthères adnées, toujours introrses, biloculaires... »

« Willette, relisez !... Il n'y a pas de panthères toujours atroces !... « Vous recommencerez votre retenue ! »... et à déhiscence longitudinale... « ovaires... ovules ascendants... anatropes... bacciformes... le Tetracera « Breyniana et oblongata... » Et ainsi de suite durant trois heures ! A devenir fou-fou, cependant que les copains là-bas cueillaient les fleurs, sans rien connaître de leurs familles.

Pendant trois heures ! Eh bien, il se trouvait encore des pions qui ne reculaient pas devant un abrutissement certain pour se payer un plaisir de bourreau, de nous dicter encore de ces folies scientifiques durant toute la journée d'une privation de sortie !... Toi, Pommier, tu es encore là !

Il y avait aussi le Sequestre ! Sur une décision de l'autorité supérieure, l'élève devant subir cette peine était introduit dans un véritable cachot meublé d'une infecte chaise percée et n'ayant qu'une fenêtre grillée et masquée au dehors, par un paravent de zinc, était, dis-je, introduit par M'sieur le Surveillant général « Le Sieurse », sorte de bellâtre jouflu et frisé ainsi surnommé parce que, méprisant la gent élève, il ne nous appelait pas « Monsieur un Tel » mais « Sieur un Tel » ou tout bonnement « sieur » qu'il prononçait sieurse en levant les yeux au ciel. Ce malheureux venait d'être, il y a dix ans, nommé Proviseur au Lycée de Laon, quand, à la veille d'entrer en fonction, il fut enfermé comme fou ! Ah bien, le paôvre Sieurse, il l'était déjà, dingo, de notre temps !

Je laisse à penser dans quel état de santé physique et morale se trouvait le petit prisonnier après deux ou trois jours de captivité. Qu'on en juge par cette inscription, une des plus typiques qui s'étalaient sur les murs du Sequestre —

Au vrai bonheur d'être seul !

Signé : Lacordaire [1].

(1) Le Père Lacordaire a maudit, lui aussi, son temps de Lycée.

L'espiègle qui avait écrit et signé cette devise, sans doute assez cynique, n'ignorait pas que le Père Lacordaire avait fait ses études au Lycée de Dijon... au temps où on pouvait y cultiver des fleurs et élever des bêtes... bien entendu.

Que deviendraient les petits singes du Jardin d'Acclimatation, animaux déjà naturellement vicieux, s'ils étaient, comme les Internes du Bahut, enfermés dans de la pierre de taille, sans cordes, sans balançoires ?...

Outre les punitions réglementaires, l'autorité avait la malencontreuse ingéniosité d'avoir recours à la privation d'une gymnastique déjà illusoire, de l'équitation, de l'escrime et de la natation !

« Voici, Monsieur le Proviseur, un mot d'un ami de mon père, le colonel de Quélen, m'autorisant à aller au manège. » — « Quand vous aurez six de conduite. » Pour faire de l'escrime, de la natation, il me faut cette note, *Bien*, que je n'ai pu obtenir que lorsque j'avais des maîtres d'études bons, intelligents, mais hélas trop rares, tels que MM. Farkas, Matry, Pitoiset, lesquels, entre parenthèses, me laissaient toute faculté de dessiner en étude. Merci, messieurs, et de tout cœur !

Il est donc résulté de ces privations, qu'une fois entré dans la vie responsable, j'ai failli me pendre, me noyer, me tuer à bicyclette et, deux fois, en duel, me faire crever un œil ou la bedaine !

C'est à croire, à la façon dont l'autorité universitaire fermait les yeux sur les tristes résultats de l'ennui qui pesait sur les élèves, qu'elle s'applaudissait de son dressage pratiqué à la façon dont on dit qu'en use le dompteur déloyal pour dompter ses fauves.

Moi, c'est en rugissant que je suis sorti de la cage maudite de la rue Saint-Philibert. Voilà pourquoi j'ai planté mon chevalet sur la barricade !

Parlerai-je des classes que j'ai faites et de leurs professeurs ? Celui de la huitième a fini par le suicide, celui de la septième a dû mourir persuadé qu'il était Louis XIV dont il recherchait la ressemblance, celui de la sixième est probablement sorti du bagne où il avait été condamné à vingt-cinq ans comme précurseur de Bonnot ! D'autres... pauvres diables ! Mais celui de chimie, M. Descaves et le professeur de dessin graphique [1] se sont fait tuer héroïquement lors de la résistance de Dijon, le 30 octobre 1870. Cependant on avait la chance de terminer ses études faites, jusqu'ici cahin-caha, avec deux professeurs, réellement éminents et qui laissent une mémoire honorée de nous tous : M. Royer, professeur de seconde, et M. Herbault, professeur de rhétorique.

1870-1871

C'est pourtant dans ce maussade et crasseux séjour que je fus aux

(1) M. Paillet.

LA FÉDÉRÉE

anges !... pour un instant, hélas, libérateurs ! Le très vénérable aumônier du Lycée, l'abbé Gagey, qui avait été celui de mon père, s'étant, l'année précédente, trompé sur mon âge, c'est à treize ans que je fis ma première communion, laquelle se faisait, le plus simplement du monde, dans la petite chapelle du Lycée. Du souvenir de la façon dont j'accomplis cet acte à un âge où la plupart de mes camarades étaient devenus déjà sceptiques, il ne m'est resté que le regret de ne pas être tombé mort, l'Eucharistie reçue [1] !

LA GUERRE

Naturellement ma mère et mes sœurs étaient venues de Paris assister à ma première communion, et voici que l'erreur du bon aumônier les a peut-être sauvées d'un grand péril. En effet, si j'avais fait ma première communion régulièrement à douze ans, en 1869, ma mère serait restée à Paris en 1870-71, et elle et mes sœurs auraient pu être victimes de la terrible explosion de la cartoucherie de l'avenue Rapp, la maison qu'habitaient alors nos parents, attenant au Champ de Mars. Ces dames étaient donc encore à Dijon quand éclata la guerre et, surprises par les événements précipités, elles ne purent regagner Paris. Quant à notre père, il était déjà à son poste, à l'Armée du Rhin.

La distribution annuelle de nos prix fut fictive, car nous les abandonnâmes au profit des blessés et nous partîmes, mon frère et moi, en grandes vacances à Is-sur-Tille, délicieux petit pays où j'aimais passer les vacances du Jour de l'An et de Pâques chez un oncle qui y était percepteur. Là, c'était la liberté et la bonne table. Mais cette fois, le brave « toucheux de taille », comme disait le paysan, n'était pas à la rigolade; il était atterré d'avoir appris que son collègue de Châtillon avait été fusillé par les Prussiens ; pour lors il ne faisait pas bon de se trouver chez lui, tandis qu'il enterrait ses ors et ses argents avant que de se trotter !

Octobre ! Nous voici rentrés au Bahut. Notre armée a été culbutée, les Prussiens avancent rapidement. — « Ils sont à Gray, les Boches ! » nous apprennent les demi-pensionnaires. Et voici, ô honte, que l'espoir d'une libération forcée nous fait penser — « Pourvu qu'on ne les arrête pas ! » Nous étions déjà en plein dans l'esprit de l'ineffable Brizon ! Ce sentiment d'un égoïsme inconscient et qu'il me coûte d'avouer, surtout à l'heure présente, n'était pas comparable à celui encore plus bêtement indécent

(1) J'étais enfant de chœur à la chapelle du Lycée.

d'autres Français, heureux d'être débarrassés de l'Empereur et de l'Empire, et qui les faisait, eux aussi, avant de les connaître plus intimement, regarder les Allemands comme des libérateurs providentiels ! [1]

Et quelle amère désillusion d'entendre brailler par les gardes nationaux et les moblots, (par les compatriotes de François Rude) ! la *Marseillaise* enfin rendue à la Liberté, mais aussitôt travestie en farce ! —

« C'est pour nous, que l'boudin grille,
« C'est pour nous qu'il est préparé ! »

N'empêche que ce sont ces braves gens qui allaient remporter la victoire de Nuits !

Cette fois, j'ai plus de confiance en entendant de quelle façon religieuse cet hymne sacré est entonné par nos poilus partant pour la croisade la plus justifiée, la plus belle... pour l'indépendance du Monde !

C'est le 30 octobre ! Date glorieuse pour l'histoire de Dijon : la noble ville se défend, elle-même, soutenue par un bataillon de chasseurs à pied accouru d'Auxonne —... Chahut !... canonnade, fusillade, canonnade depuis le matin jusqu'à six heures du soir, heure de la reddition.

Nous n'étions plus que très peu d'élèves sous la surveillance du très jeune pion « Allâh-au-Piquâ » d'ailleurs assez impressionné, et nous regardions aux fenêtres, intrigués par le hululement des obus qui passaient, par-dessus le Bahut... sans s'y arrêter, à notre grand regret ! Ah ! on l'aimait t'y, on l'aimait t'y, c'te vieille maison !

Le lendemain, on vient de déposer dans la classe des mathématiques élémentaires, le corps massacré, à coups de baïonnette, du jeune et vaillant professeur de chimie Descaves, que des collègues partis à sa recherche, ont fini par retrouver !... dans les lignes ennemies ! Nous sommes émus de pitié et désormais nous restons respectueusement silencieux. Puis nous suivons, à travers la ville encore haletante de la lutte, l'enterrement de nos deux professeurs tués à l'ennemi, précédés par les professeurs de la Faculté, des Lettres, de Médecine et de Droit, tous en toques et en robes et formant un cortège de deuil où, à la stupéfaction des Boches [2], brillaient les plus vives couleurs.

---

(1) Il est bon de rappeler la proclamation dont les armées boches se faisaient précéder — « Nous ne faisons pas la guerre au peuple français.....
(2) En 1870, on disait déjà « les Boches ».

EN CAPTIVITÉ

Cependant la situation de ma mère, logeant dans un faubourg de la ville, étant devenue des plus précaires et appréhendant, pour nous, le danger des combats incessants autour de la ville, elle résolut d'aller, avec ses quatre enfants, rejoindre son mari prisonnier en Allemagne, à Cassel. Blottis à six, bonne comprise, dans une vieille patache et le plus souvent affamés, nous traversâmes la Côte-d'Or, la Haute-Saône, les Vosges, à travers les lignes garibaldiennes et les lignes allemandes, et nous parvînmes après une semaine de route accidentée à Blainville (Meurthe-et-Moselle), où nous pûmes prendre le chemin de fer jusqu'à Cassel... stupeur du père, prisonnier sur parole, de voir arriver sa femme et ses petits au complet : ah, notre mère était bien une vraie maman !

L'ACADÉMIE DE CASSEL

Alors mon père redoutant, pour moi, le danger de l'inaction et à l'idée de ma prétendue vocation artistique, me conduisit à l'Akadémie de la ville où il me présenta, comme élève, au directeur Herr Muller, un vieux bonhomme à cheveux blancs qui portait, à la boutonnière de sa redingote, devinez quoi?... le ruban rouge de la Légion d'Honneur ! Et ce n'était pas préparé, puisque je l'ai vu le porter pendant toute la durée de mon séjour ! Et comme mon père lui demandait les conditions de paiement... — « Mais il n'y a rien à payer, Monsieur !... J'ai fait à Paris, gratuitement mes études « à l'Ecole des Beaux-Arts. »

Cette sympathie imprévue pour les Français, nous devions la retrouver par toute la ville, la rue comprise ! Et cela peut se concevoir quand on se souvient que l'annexion, par violence, de la Hesse Electorale, était encore de date assez récente. Non, à cette époque, les Allemands n'étaient pas Prussiens !... mais depuis !... Ainsi j'ai vu, à la gare, les dames de Cassel, comme chez nous, les nôtres, organisées pour secourir et réconforter les prisonniers français qui y passaient dans un état lamentable. Que les temps ont changé ! Au jour d'aujourd'hui on sait que la femme allemande refuse le pain, mais non les pierres et les crachats, aux pauvres prisonniers !

Adonc je fis mon entrée à l'Académie : entrée sensationnelle, on n'en doutera pas... Eh bien ! je n'avais pas peur ! et puis n'avais-je pas à soutenir l'honneur national ! Mes nouveaux et étranges condisciples étaient des enfants de mon âge. et dame, les enfants de cet âge sont partout assez féroces ; mais comme j'eus la bonne inspiration de taper, et dur, le premier ; je fus désormais considéré.

Je ne tardais pas à monter à la classe supérieure et à enthousiasmer le professeur Herr Stiegeliz par mes progrès foudroyants. Ben oui, foudroyants, je ne crains pas de le dire et ce n'était pas malin eu égard de ceux de mes condisciples boches. A mon arrivée, en novembre, ils avaient déjà commencé, en ronde bosse, la tête de Ménélas, et ils ne l'avaient pas encore terminée en mars 71, époque de mon départ. Je comprenais, assez bien, que le professeur leur donnait, en exemple, la rapidité du travail du petit Franzose.

Je travaillais, aussi avec les grands, à la classe de modelage : un matin, modelant ma terre près d'une fenêtre, j'entendis monter de la rue, une rumeur que je pensai aussitôt devoir m'intéresser. En effet, ayant mis le nez à la fenêtre ouverte, je reculais devant une mitraille de boules de neige. C'étaient les gosses du Gymnasium qui, avertis de la présence d'un Franzose, me réclamaient à grands cris. Alors mes grands condisciples me dirent — « Vous êtes artiste comme nous, nous allons vous accompagner jusque « chez vous. » Et moi de faire d'abord le malin, mais vu le nombre de mes ennemis, et l'éloignement de notre maison, je n'étais pas fâché de subir ce secours loyalement offert. Enfin, après quelques embuscades plus ou moins heureusement évitées, je finis par pouvoir circuler en toute sécurité.

Mon père venait quelquefois me prendre, à la fin de la classe ; dès qu'il apparaissait, sur le seuil, dans sa haute taille, tous les élèves se levaient respectueusement. — « Oh père !... belle tête ! » me disaient-ils. Enfin, à dire vrai, le petit Français était devenu le chouchou de l'Ecole, et on faisait tout ce qu'il voulait.

Un beau dimanche, par un froid de vingt degrés, des élèves me décidèrent à les accompagner dans les bois de Wilhemshohe et à faire collation dans une auberge qui s'y trouvait. Cette auberge, sorte de Pré-Catelan, était animée par un tas de jeunes servantes en costume du pays, en bonnet pointu et noué sous le menton, en corsage comme le bonnet, parsemé d'ornements métalliques miroitants, une douzaine de jupons lourds et courts, si courts qu'on voyait, depuis la jarretière, leurs gros mollets recouverts de gros bas blancs de laine, et en chemisette, les bras nus. Dès qu'elles me voient, elles s'écrient, avec une joie d'ogresses, en tapant dans leurs grosses pattes — « Hoch !... Klein Franzose ! » et l'une me prend sur ses genoux et... m'embrasse ! — Mein liebe Franzose ! » ... Je deviens tout rouge !... mais est-ce de honte ? — Sais pas encore... mais je sais que je mordrais volontiers, dans son bras nu, comme dans ma tartine !... Las, las, Pierrot ! vas-y voir à c't'heure !

C'est en revenant de cette auberge qu'en passant par le château de

Wilhemshohe, où il était prisonnier, que je vis, de près, pour la seconde et dernière fois, Napoléon III ; lui aussi, en me voyant, car j'étais toujours en uniforme, a vu, pour la dernière fois, un élève de ses Lycées ! Et je n'en suis même pas assuré, car cette majesté délabrée, presque grotesque, ne m'a jeté qu'un regard torve au moment où je la saluais avec respect.

Enfin, voici qu'un jour, en me rendant à l'Académie, je trouve tout le monde en grande liesse et dégringolant, en avalanche les escaliers : naturellement, sans savoir, je suis le monde et me voici dans une foule délirant de joie et remplissant la grande Place d'Armes. De la verdure à foison, des trompettes, du tambour et du fifre... à dégoûter Wagner de la musique ! Eh bien quoi donc?... Hé bé, j'assiste au défilé triomphal de troupes revenant de France, l'armistice étant signé ! Je vais me retirer quand, tout à coup, j'aperçois des prolonges, des voitures du train sur lesquelles, en lettres blanches, est écrit — « Division du général Soleille ! » Mais... qu'ai-je donc?... Pourquoi ai-je la gorge serrée, pourquoi se remplissent-ils de larmes, mes yeux?... C'est qu'ils viennent d'apercevoir, attelés à ces voitures françaises mais montés par l'ennemi, de pauvres chevaux au poil si long, à l'allure si triste !... c'est parce que je pense, aussitôt, que ces braves et pauvres bêtes qui sont de France, elles, ne retourneront jamais en France ! Alors à ma douleur qui n'est plus celle de l'enfant, je comprends que le sentiment de la Patrie est, vraiment, dans le cœur, puisqu'il a suffi d'un tel spectacle pour le faire battre à éclater !

Non, non, je ne veux plus rester ici, et même au prix de l'inévitable réclusion, je veux retourner dans ma France chérie !

Et, en effet, c'était la libération immédiate des prisonniers, et nous sortîmes enfin d'Allemagne, mais pour aller à Bruxelles comme nous y obligeait l'insurrection parisienne qui venait d'éclater et que, par bonheur, mon père n'eut pas à combattre, car j'en aurais eu, pour lui, un sombre remords.

Nous voici donc installés à Uccle, faubourg de Bruxelles, ville que nous aimions, où nous avions encore des parents, des amis ; eh bien, j'ai cette tristesse : quand je passe, maintenant seul et en uniforme de collégien, dans les rues de Bruxelles, je suis traité de « couillon de Français » ou de « sale Fransquillon » ! Et dire qu'à Cassel, ville ennemie, nous étions sinon aimés, du moins respectés. (Encore, durant un séjour que je fis, en Belgique, en 1901, ma qualité de Français me faisait insulter... au profit de qui? siou plaît?... au profit du Boche, parbleu ! Ah ! Pauvres frères belges, vous n'aviez pas le flair, vraiment !)

MA RENTRÉE AU LYCÉE

Enfin notre père a pu venir nous chercher, mon frère et moi, et nous réintégrer au Lycée. Nous retrouvons Dijon encore occupé par les Allemands, et comme ils ont pris nos dortoirs pour en faire leurs ambulances et que nous sommes encore peu nombreux, nous, les petits et les moyens, nous couchons dans les études et les grands à la Faculté.

De la triste promiscuité des Boches, plus ou moins amochés, avec les habitants du Bahut, il n'est guère résulté qu'un léger coup de sabre sur la tête d'un des plus rigolos des pions, tandis qu'il rentrait, au Lycée, en tenue de chasseur à pied. Si rigolo que nous l'appelions « Guignol ». Mais ce coup de sabre a peut-être été cherché, car le pauvre Guignol qui aimait la verte, a dû prendre le soldat pour un élève et vouloir le conduire au sequestre. Car il était très farce, le Guignol : ainsi, en promenade, il nous laissait, à notre grande joie, aller sur les rochers de Plombières, et lui-même, très agile, donnant l'exemple d'une dure ascension, il s'écriait — « Au premier là-haut !... » et tout le monde enchanté de courir, de grimper à qui-mieux-mieux — « Ça y est, m'sieu, c'est moi ! », et Guignol s'amenant radieux — « Bien, mon hâmi, vous havez eune r'tenue de pommade ! » — « Mais, msieu, répondait l'élève suffoqué, ahuri, vous avez dit « au premier là-haut ! » — « Pâfaitement, mon hâmi, si vous n'aviez pas couru si vite, vous auriez entendu la fin de ma phrase... « eune r'tenue de pommade ! »

C'est le même chargé, après la prière du matin, de parcourir les études, pour énoncer la liste des punis de retenue —« En r'tenue ! — Rochard, Willette, Batauld, Broussolle, Berger... Pichon... » Et ce dernier qui, nouveau, venait d'entrer, la veille au soir, au Bahut, de s'étonner et de protester — « Moi, m'sieu ! et pourquoi donc ? » — « Vous vous appelez Pichon, pas ? » — « Oui, m'sieu ! » — Eh ben... parce que vous vous appelez Pichon ! » Et voilà ! [1].

Et lorsque, les deux pieds sur sa table, et lisant un « journal amusant » Guignol faisait l'étude, il ne fallait pas le regarder, car alors vous aviez une grande ou une petite retenue qu'il vous annonçait silencieusement en tirant, de l'index, son œil soit par en bas, soit par côté. On était prévenu, mais le nouveau qui ne l'était pas, croyant que c'était pour de rire, rigolait

---

[1] Mon cher ami Fernand Pichon, alors mon rival en dessin, qui sortait du collège de Beaune où le pion était martyr comme dans toutes les pensions ou collèges, ignorait que c'était l'inverse au Lycée.

et alors écopait. Evidemment tout ça n'était fort spirituel, et si nous n'avions eu que ça pour nous distraire... Mais, par bonheur, mes bien aimés camarades étaient, pour la plupart, d'une race qui n'engendre pas la mélancolie, et j'en étonnerais fort de ces bons vivants, survivants, si je leur répétais les histoires du cru qu'ils connaissaient en abondance et qu'ils racontaient à ravir. Et non seulement, ils savaient les narrer, mais ils savaient aussi les écrire dans cet exquis petit journal dont j'ai parlé plus haut *L'Echo des Bahutins*, et où j'ai fait mes premières armes de dessinateur. Ah ! les délicieuses petites âmes, comme elles justifiaient bien ce nom de Bourguignons salés !

Mais d'où sort-il donc?... d'outre-tombe?... Ce Chateaubriand, ce vilain dévié, à force de lever les épaules, le même qui, pair de France, a voté la mort du maréchal Ney, quand il ose écrire — « L'enfant manque « même de grâce, il rit et ne sourit pas ! » [1].

Quand on a écrit *Le Génie du Christianisme*, on aurait dû penser que Jésus, le plus beau des enfants, comme Il a été le plus beau des hommes, n'a pas dû manquer de grâce, ni rire au nez des bergers et des Rois mages... Il a souri, eh Ministre, le Divin Enfant, comme tous les enfants sourient, en tendant les bras à ceux qu'ils aiment et à ce qu'ils désirent... « l'enfant manque de grâce ! ! !... » Non ! mais, de retour de Saint-Malo, va donc, au Musée du Louvre, chatouiller la plante des pieds de la Récamier, hé ! l'ombre de M. Dumollet !

C'est le rire, au contraire, qui était rare au Bahut, et... pour cause ; mais malgré tout, nous l'avions, le sourire ! le sourire qui échappait à la vigilance si inquiète du maître pendant les onze heures de silence et d'immobilité exigées de nous enfants ! Et combien malin, affectueux, encourageant ce sourire auquel je dois, sûrement d'avoir échappé à la neurasthénie !

Au-dessus de la désespérante figure que j'ai déjà dit avoir rêvé de sculpter au fronton de notre bahut, on aurait pu, en vérité, inscrire —

Despotisme, mais Egalité, Fraternité.

Nous étions tous égaux : jamais je n'ai entendu mes camarades parler de leurs biens assurés, ni de la fortune ou de la haute situation de leurs parents. Nous avions tous cinquante centimes touchés chaque semaine sur le dépôt confié par nos parents à l'Economat (En ce temps-là, le timbre-poste coûtait 0 fr. 25 centimes !)

Comme preuve de cet amour de l'égalité et de la fraternité, cette cou-

---

(1) **Mémoires d'Outre-tombe.**

tume touchante qui voulait, lorsqu'on revenait de la distribution solennelle des prix et qu'on traversait la ville, fanfare en tête, que chaque élève ait son prix et sa couronne... prêtés, bien entendu, par les heureux lauréats.

Au réfectoire[1], on mangeait par table de six : chacun prenait exactement sa part, et je n'ai jamais connu de discussions à propos du partage. Pour les bonnes aubaines rapportées de la maison maternelle il y avait toujours des invités.

Quant au cafardage, c'était le crime ! Le cafard ne trouvait pas grâce, et ses camarades lui infligeaient, tôt ou tard, le terrible supplice du cirage sur un banc, avec dessus des cailloux et, en plus, l'humiliante mise en quarantaine. Les fifis subissaient le même sort... mais voui, on avait des mœurs ! Pour l'autorité, nul espoir de découvrir un coupable, même en punissant l'étude jusqu'à la gauche.

A propos de la condamnation de notre père impliqué dans l'affaire de l'évasion de Bazaine, le censeur Franconin, dont la tante était l'amie de pension de ma mère, crut devoir me prendre à part pour me dire ceci — « Vous ne direz pas, à vos camarades, que nos familles se con-

(1) Je dois à la vérité de dire qu'au Bahut la nourriture était excellente, souvent même exquise.

naissent. » Et moi de lui répondre — « Soyez tranquille, monsieur le Censeur, je ne m'en suis jamais vanté ! » Tiens ! pour qui me prenait-il, ce vieux Jeanfesse ! Je ne tenais qu'à l'estime de mes camarades, je l'avais et je l'ai encore.

Bien sûr que je vais les regretter, oh combien ! quand, tout à l'heure, je vais entrer encore dans un monument de l'Etat, là ousqu'il est bien écrit — Liberté ! — mais liberté sans égalité et surtout sans fraternité !

Au moment de quitter le Lycée, j'achève ma rhétorique avec un bon et digne professeur, mais le pion devient de plus en plus intolérable.

Voici que nous arrive un nouveau proviseur, M. Dieudonné ! Dieu a eu enfin pitié de nous, merci mon Dieu ! Il me fait venir dans son cabinet et me tend la main — « Vous êtes le fils du colonel Willette?... Je suis fier de compter son fils parmi mes élèves ! Dites-moi, vous êtes toujours puni, vous ne sortez presque jamais et pourtant vous êtes premier ou second de votre classe en Discours et en Histoire... Que faites-vous de vos exemptions ? » — « Ma foi, monsieur le Proviseur, elles sont en bristol et font d'excellentes cages à mouches. » — « Je ne puis, reprit-il, donner tort à vos maîtres, mais apportez-moi soit une exemption de premier, soit deux de second et je vous accorderai une sortie de faveur. »

Je restais baba devant tant de bienveillance inattendue ; j'en étais profondément touché, mais... il était trop tard.

Alors, vers la fin de l'année 1875, décidé à tout, je vins, la classe terminée, trouver M. Herbault, notre bon professeur, et je lui fis ma confession en lui indiquant le moyen de m'épargner la fuite vers l'inconnu [1]. « Tenter de passer mon baccalauréat, comme l'exigent, de moi, mes parents, ce serait prolonger mon internat que je ne puis plus supporter aujourd'hui que j'ai dix-huit ans et que j'ai hâte de suivre ma vocation artistique. Veuillez donc, cher monsieur Herbault, écrire à mon frère qui a été votre meilleur élève, de telle façon qu'il puisse montrer votre lettre à mes parents qui verront, grâce à vous, qu'il serait périlleux de me retenir, ici, plus longtemps. »

LA SORTIE

1875

Il fit ce que je lui demandais, et ses raisons durent prévaloir, car, aux grandes vacances qui suivirent, mon père m'annonça que je ne retournerais pas au Lycée et qu'il me laissait libre de suivre ma carrière artistique.

(1) Des élèves fils de cultivateurs pris de nostalgie se sont évadés du Lycée, mais c'était pour retourner chez eux, ce que, en ce cas, je me serais bien gardé de faire.

— « Mais tu sais, mon garçon, que nous ne sommes pas riches et qu'il serait bon, pour toi, de choisir une branche d'art dont tu pourrais vivre le plus tôt possible. Ainsi tu aimes faire du modelage; cela me fait penser que je connais un parent du maréchal, M. Dousamy, qui est sculpteur ornemaniste et qui te prendrait peut-être volontiers comme élève. » Sculpter, ou graver, ou peindre, cela m'était bien égal; l'essentiel pour moi était de faire de l'art, et je suivis mon père chez ce M. Dousamy qui avait ses ateliers, à deux pas de chez nous, près de l'église Saint-François-Xavier [1]. Nous fûmes très bien reçus... pardi ! et le sculpteur après avoir écouté mon père lui dit : « Colonel, je n'ai pas d'élèves, mais des apprentis, des praticiens. L'apprentissage est assez long et vous n'avez pas l'intention de faire de votre fils, un ouvrier et il le serait, peut-être, toute la vie. Je vous conseille plutôt de le mettre à l'Ecole des Beaux-Arts. » Toi, mon bonhomme, pensais-je, tout en regardant des caryatides pour une cheminée monumentale, tu ne vois, en moi, qu'un collégien que son père voudrait te coller sous prétexte de relations plutôt compromettantes : qu'en sais-tu si je préfère la peinture à la sculpture, et qu'en sais-tu, si dans ta partie, je resterais un ouvrier toute la vie ?...

Allons, va pour l'Ecole des Beaux-Arts ! et mon père me conduit auprès du Directeur de cette école, le nommé Guillaume, qui avait été son condisciple au Lycée de Dijon. Il n'a pas l'air très espiègle, cet artiste qui m'a apparu comme un autre proviseur ; froid comme ses marbres, il engage mon père à me mener, de sa part, chez Cabanel, professeur d'un atelier de l'Ecole. Décidément la sculpture ne veut pas de moi; mais Cabanel m'a accepté, par faveur, dans son atelier.

L'ÉCOLE DES BEAUX-ARTS

Tandis que je faisais une grande affiche, il y a quelque vingt-cinq ans, dans une imprimerie de la rue Oberkampf, n'ayant pas le choix et pas beaucoup de galette, j'allais déjeuner chez un bistro des environs et où se réunissait le dessus du panier du Tout-Fortif. Un copain lithographe habile, lutteur amateur et bonne gouape [2], m'ayant longtemps cherché, finit par me dénicher en train de déguster paisiblement de la tête de veau arrosée d'un petit Argenteuil. — « Mais tu ne sais donc pas, mon pauvr'ieux, me « souffla-t-il à l'escourde, que tu es, ici, au milieu de tigres !... » — « Ah ben, « mon cher Auguste, lui dis-je en regardant tranquillement autour de moi,

---

(1) Nous demeurions alors 7, Avenue de Villars.
(2) Auguste Rœdel.

« que veux-tu que ça me fasse?... J'ai été trois ans à l'Ecole des Beaux-Arts ».

Parfaitement ! Sur soixante élèves dont se composait l'atelier Cabanel, à part Carrière, Tournès, Berton, Prouvé, Larue, Hierle, Chassaignac, Rosset-Granger, Brémond, Richard, Fleury, Marty, Sinibaldi, Laissement, Fournier, le reste, c'est-à-dire la majorité, n'avait pas plus d'instruction, pas plus de moralité que les tigres fréquentant les bistros de Ménilmonte ! Et il n'y avait pas plus propre dans les ateliers rivaux !

Dans les illustrés de son temps, ce trop fécond Bertall a initié le profane aux charges si en honneur à l'atelier de Couture, d'où il n'est sorti que la mode d'un nu pitoyable; mais ces charges n'avaient rien à voir avec la lâcheté de celles de l'Ecole qui étaient trop souvent des attentats à la beauté et même à la probité. Il y avait encore à l'atelier, lors de mon entrée, quelques quadragénaires élèves à grandes barbes, hélas tolérés par le maître, qui ne rougissaient pas de prendre part aux insanités infligées à des nouveaux qui n'avaient même pas vingt ans ! Les plus grossièrement gouapeurs réunissaient autour d'eux de nombreux partisans : il y avait la bande à Romieuleufeulemieux, la bande à Rodolphe, la bande à Border-Arme, et ces bandes terrorisant l'Ecole augmentaient les difficultés de l'étude.

En entrant à l'atelier, le nouveau, comme de juste, payait sa bienvenue chez le chand d'vins, puis il devait verser, à la masse, la somme de quarante francs que le massier inscrivait sur son carnet — « Veux-tu un reçu, nouveau ? » me dit le massier d'alors, un vilain petit albinos plein de boutons velus, et moi de répondre bêtement — « Penses-tu, entre camarades ! » oui bêtement, car mes quarante francs me furent, dans la suite, réclamés par le massier B... [1] successeur ; sans le témoignage de mon camarade Fleury il m'eût fallu payer deux fois. Je m'excuse d'insister, mais il s'agit ici de jeunes hommes qui ne considéraient et ne faisaient de la peinture que comme de la cuisine, sans songer que l'idéal de l'art résume ce qui est l'idéal du beau et du bon.

Il y avait, parmi nous, des camarades sans doute très pauvres; il y en avait même un qui posait, de temps en temps, à l'atelier. Eh bien la masse qui ne servait à rien et qui pouvait, vu le nombre d'élèves, être assez importante, aurait pu être employée à soulager quelques gênes passagères... Ah bien ! pensez-vous ! Voici ce qui en était fait, à la fin de l'année, tandis que le matériel demeurait délâbré : les anciens qui étaient pour la plupart des pensionnés de leur ville natale... Ah ! moun payss, ô Tolôse [2] ! c'est-à-dire la bande Romieuleufeulemieux, allaient manger la grenouille tout entière dans quelque coin des environs !... Saligauds !

Il y avait aussi cette blague qui, faite partout ailleurs, aurait été

---

[1] Ce massier était un brave garçon mort tragiquement, tandis que son vilain prédécesseur a fait une fortune dans l'antiquité !... dans les antiquités.

[2] Cabanel étant de Montpellier, les méridionaux étaient en majorité dans son atelier.

considérée comme un vol pur et simple et qui consistait à *chauffer* les parapluies des nouveaux pour les porter au Mont-de-Piété, alors voisin de l'Ecole. Ça, c'était le coup de la bande à Rodolphe, le futur et célèbre Ane rouge.

Une charmante femme, artiste elle-même, la femme d'un de mes anciens condisciples de l'Ecole depuis assagi, grâce certainement à son influence, m'entendant rappeler, à son mari, ces souvenirs d'Ecole, me dit : — « Mais vous pouviez vous défendre, vous étiez de taille comme il y paraît encore ! » En me disant cela, cette dame pensait, sans doute, à la loyauté qui est l'apanage de la jeunesse. Alors, Madame, comme votre mari l'a sans doute oublié comme... le reste, permettez-moi de vous raconter ce trait qui n'était pas unique dans la vie à l'Ecole de notre temps. Une semaine que je n'avais pas été à l'Ecole, j'allais le dimanche suivant, chez notre maître Cabanel, lui montrer un travail fait chez moi, et je me rencontrais avec Edouard Fournier [1], élève studieux, venu dans le même but et nous attendions l'arrivée du patron. Celui-ci apparut, les sourcils froncés et commença par nous attraper furieusement. — « Alors, voici que vous étranglez vos camarades ! » Nous nous empressâmes de lui dire que nous n'en savions rien, ayant manqué l'atelier toute la semaine. C'était un nouveau qui avait voulu se défendre, alors poussé, en chiade, dans un angle de l'atelier par la bande de Romieuleufeuleumieu, étouffé, il s'était évanoui ! Aussitôt ses bourreaux le transportèrent et le déposèrent, toujours inerte, au milieu de la cour et disparurent !

Un autre fait, qui est certainement l'origine de l'embusquage si honni à cette heure : un jour qu'on travaillait silencieusement, car je crois que le modèle était une belle fille, la porte s'ouvrit, avec fracas, et le survenant qui était un ancien et qui revenait d'un Conseil de Révision se mit à chanter en dansant :

> Ah ! Chouette ! Chouette !
> J'ai des humeurs froides...
> J'vais m'marier.
> J'vais m'marier !

La bande n'était pas dure, pourtant elle a été épatée !
Ça des artistes !... des poux, oui, et je les flatte !
Et, navré, je pensais : « Quelle amère destinée : je sors d'une maison de correction et je tombe dans une maison centrale ! »

Alors pourquoi persister à y demeurer? Ah ! voilà : c'est que le paternel ne voyait que l'Ecole pour devenir un artiste sérieux, comme l'Ecole Polytechnique, l'Ecole des Mines pour devenir un ingénieur, comme l'Ecole

---

[1] Grand Prix de Rome.

ÉTUDE ACADÉMIQUE

Saint-Cyr et l'Ecole d'Etat-Major qui avaient fait, de lui, un officier instruit. — « Cela n'était pas la peine, devait-il me dire plus tard, d'avoir été à l'Ecole pour faire des pierrots. » D'ailleurs, en père consciencieux, il allait souvent s'informer de mes progrès auprès de Cabanel. Dès mon arrivée, le maître m'avait remarqué, mais pour me demander de lui poser un personnage (le duc d'Anjou) de sa décoration pour l'église Sainte-Geneviève « Les institutions de saint Louis. » J'acceptai avec empressement, et je dus poser aussi bien qu'un modèle de profession, heureux d'être, de mon vivant, au Panthéon ! Cabanel habitait rue de Vigny un très bel hôtel mitoyen du parc Monceau. Après la pose, le maître me dit de me reposer en attendant le déjeuner auquel il voulut bien m'inviter : honneur qu'il réservait à ses élèves Prix de Rome ! Alors tout ému, je pénétrai dans la belle salle à manger très luxueusement meublée ; mais quelle fut ma désillusion quand j'aperçus, se détachant sur le décor de l'aristocratique jardin qu'encadrait une large baie, là, sur la table... un litre !... le litre que, vide ou plein, j'ai en horreur !... O Véronèse !... toi qui n'as pas mis le vin miraculeux en pichet ! O toi, Ponchon, qui as comparé la vénérable bourguignonne de forme harmonieuse, à la Vénus de Milo !... Voilez-vous la face ! Que l'âme de l'excellent professeur me pardonne, avec le sourire qui lui était habituel, de rappeler le souvenir de cette erreur de goût, dont son humble origine était peut-être fautive !

Cette bénigne critique du service de table, chez un artiste longtemps célèbre, me donne l'occasion de parler de ces peintres devenus millionnaires, comblés d'honneur parce qu'ils ont copié, sur leurs toiles, le luxe composant tout l'Art de la Renaissance, et qui vivent comme des concierges !

  Miousic — « Célébrons les princes de l'Art
    « Lehmann n'est qu'un mufle
    « Et Bouguereau n'est qu'un vieux roublard
    « Comme son ami Dubuffe ! »

Emile Goudeau, poète de « l'impérial Midi dont on se rie en vaingne », le peintre Pelez et moi, présidents de la Vachalcade, fameux cortège artistique qui valait bien l'entrée de Charles-Quint à Anvers, ayant appris, à cause d'un déficit de quelques milliers de francs, que nos fournisseurs avaient cru devoir envoyer du papier timbré à nos deux présidents d'Honneur, nous nous empressâmes d'aller leur présenter nos excuses et de les prévenir qu'ils étaient mis hors de cause.

Puvis de Chavannes qui n'avait pas, que je sache, une grande fortune, nous reçut en gentilhomme; quant à Gérôme, quatre fois millionnaire, après nous avoir entendus, nous trois pauvres purées — « Excusez-nous, maître, de ce malentendu, il est convenu avec l'huissier, que nous demeurons seuls responsables... » — « Ah oui, très bien ! nous dit-il encore tout hérissé, « oui, vous comprenez bien que c'est ennuyeux de recevoir du papier « timbré ! » Ça y est, ou plutôt ça n'y est pas ! le peintre a raté le beau geste que, d'ailleurs, toute sa vie, il a, aussi honnêtement que vainement, cherché dans ses œuvres.

Sur la protestation de professeurs scandalisés, un vieux modèle, le père Dubosc, qui fonda un prix pour l'Ecole avec les cent mille francs qu'il avait gagnés en posant pour des générations de prix de Rome, n'a pas son buste parmi ceux des autres fondateurs !

Mais si, dans notre profession, nous ne comptons plus de princes, nous y vénérons des martyrs et des saints ! C'est Théodore Rousseau qui, sous le couvert d'un prétendu Américain, achète quatre mille francs une toile à Millet ; c'est Corot, Saint-Corot, qui donne à Daumier une maison, et une autre à Méry, le peintre des oiseaux.

Mes parents, craignant que l'habit civil que j'étais si heureux d'endosser ne fût gâté à l'atelier, c'est en costume de lycéen que je fis mon entrée à l'Ecole. Encore coquebin et ahuri par la brusque transition de la captivité à la liberté, à laquelle on ne m'a pas préparé, tandis que j'avais affaire à des gas qui la connaissaient (celle de la rue), je ne fus pas peu intimidé de la réception qui me fut faite et qui dépassait les prévisions qui m'avaient été données. Sur cinq nouveaux que nous nous présentions, à l'atelier, trois prirent instantanément la fuite ! Et si, désillusionné, je tins bon, c'est que mon paternel, prévoyant un découragement possible, m'avait averti qu'en ce cas, il serait encore temps, pour moi, de renoncer et de tenter autre chose.

Il est bien entendu que tout ce que je viens de dire de la tenue des ateliers de l'Ecole des Beaux-Arts ne se rapporte qu'à l'état d'esprit des élèves mes contemporains.

A cette heure, à l'exemple de l'unique Regnault, de cette Ecole si longtemps stérile, vient de sortir pour s'élancer vers la Gloire ou l'Immortalité une telle cohorte de héros, que je m'incline, avec respect, devant l'actuelle génération dont le moral me convainct, lumineusement, qu'il n'est plus celui de mon temps.

Mais alors l'enseignement séculaire de l'Ecole qui convenait à la somnolence et à la pratique ambition de ses élèves de jadis, n'est plus digne de l'âme magnifique de ses élèves d'aujourd'hui?

L'erreur de cet enseignement est de suivre les traditions de la Renaissance, époque brillante mais peut-être néfaste pour notre art national, les traditions d'une seule Ecole, l'Ecole italienne, et le résultat de ce fâcheux enseignement a été, est encore de créer un art simiesque et des artistes rendus si impersonnels par le séjour de Rome, qu'à leur retour ils demeurent estropiés pour la vie, à charge de l'Etat responsable de leur atrophie !

Dites-nous, maîtres professeurs, Instituteurs, par votre prétention à vouloir prolonger avec des variations plus ou moins heureuses, les œuvres des maîtres de la Renaissance, par l'imposition officielle de vos fastidieuses productions, ne seriez-vous pas, pour beaucoup, responsables de l'accueil enthousiaste que le public, fatigué du respect qu'il vous portait si aveu-

L'ÉCOLE DES BEAUX-ARTS

glément, fait, en ces temps-ci, aux œuvres espérantistes de cette nouvelle Ecole de Munich ou de... Charenton?

Et ce que je viens d'écrire ici, Messieurs, je vous l'eusse dit, en plein Institut, si j'en avais fait partie... vous avez eu du nez de ne pas m'y recevoir! Mes compliments, et sans rancune.

Adonc je suis resté à l'Ecole et j'avoue, en toute franchise, que je n'ai pas à regretter, malgré mes tribulations, les trois années que j'y ai passées. Oui, je rends grâces, aujourd'hui encore, à la sévérité affectueuse de mon maître Cabanel qui m'astreignit si longtemps à l'étude de l'antique que je finis par l'admirer pour toujours.

L'étude de l'antique a été pour moi, dessinateur, ce que la connaissance de la syntaxe est pour l'écrivain. Et puis, tout en étudiant, je comprenais que la forme féminine était si bien, pour les Grecs, la forme idéale qu'ils la donnaient même à leurs dieux mâles

La création de la femme ayant suivi celle de l'homme, la femme a dû bénéficier des critiques qu'en véritable artiste Dieu a pu se faire en contemplant sa première œuvre, et c'est pourquoi elle est son chef-d'œuvre.

Non, l'antique n'est pas pompier et c'est David, l'inventeur, en art, du « pas de parade » et sa queue, qui l'ont calomnié par leur incompréhension. L'admirable Prudhon l'a compris, lui. [1]

Quant au modèle vivant, si pitoyable à l'atelier, je lui préférais le nu en mouvement dont je prenais des croquis soit, en allant aux bains froids, soit, en flânant sur le quai Malaquais où travaillent des débardeurs nus jusqu'à la ceinture.

Lui, le doux nu féminin, à l'Ecole, toujours sous l'influence de David, il était considéré comme étant inférieur en beauté à celui de l'homme et tenu pour pas sérieux ! La preuve en est que, pour les concours de places ou autres, seule, la figure masculine est imposée.

Depuis quelque temps, je n'étais plus coquebin, ce qui me permettait d'étudier le nu féminin... en liberté et, c'est en le caressant de mon crayon, que je faisais mentir ce terrible dicton latin—« *Post couic, animal tristis.* » Je ne crains pas de l'affirmer — en art, l'amour est le meilleur des professeurs.

AU COLLÈGE DE FRANCE

J'eus, à cette époque, la bonne fortune de connaître Charles Blanc, professeur au Collège de France : ce fut par l'entremise de mon cher cousin germain Philippe Winckler, qui était aussi à l'Ecole des Beaux-Arts dans l'atelier de Laisné, architecte, et qui faisait, pour le cours d'esthétique de Charles Blanc, des dessins d'architecture. Comme Charles Blanc, se proposant de parler des peintres primitifs, déplorait, devant lui, de ne pas avoir, faute de subsides, un dessinateur pour la reproduction de leurs œuvres, mon cousin me proposa, et je fus agréé pas le professeur avec une satisfaction que je ne tardai pas à justifier.

On ne se servait pas alors des projections, aujourd'hui d'un usage si courant; il me fallait donc agrandir à la gouache les reproductions photographiques que le maître me confiait, et mes dessins très grands étaient accrochés pendant le cours.

Une fois, faisant la description de l'enfer d'Orcagna, Charles Blanc montrait le diable en train de manger des damnés par les oreilles — « Ceux-là sont les traîtres », dit-il.

(1) Que l'Institut n'orne donc son papier à lettres désuet d'aucune vignette de la Pallas souriante de ce délicieux artiste ?

Le brave homme, son cours terminé, avait l'habitude de nous demander, à mon cousin et à moi, quelle avait été l'impression de ses auditeurs, qui comptaient toujours quelques ecclésiastiques. « Excellente, maître, lui dis-je, sauf le mécontentement visible des prêtres présents. » — « En quoi donc, demanda très inquiet le professeur, aurais-je offusqué ces messieurs?... » — « Dame, monsieur, vous avez dit que le diable mangeait les prêtres par les oreilles ! » — « Ah diable ! ma langue a dû fourcher !... Dieu, que c'est ennuyeux ! »

Et ce fut, pour nous deux, une joie diabolique de voir et d'entendre le bon professeur, au cours suivant, s'empêtrer dans des explications inattendues — « Je n'ai pas voulu dire... loin de moi, l'intention... le diable mange les prêtres par les oreilles..., oh pardon, je me trompe encore... le diable !... »

Les abbés qui n'y comprenaient rien ont fini par rire, eux aussi, de bon cœur.

A part ces blagues innocentes qui, avec le don de *La Grammaire des Arts et du Dessin* avec dédicace de l'auteur, ont été mes seuls émoluments, je retirai de l'étude de ces maîtres délicieux qui, n'en déplaise à l'ignorant M. Dimier, ont précédé, avec tant de gloire, la brillante mais néfaste Renaissance, un bénéfice considérable, mon travail de reproducteur ayant été, une année durant, aussi important que religieusement exécuté.

L'EXPOSITION DE 1878

Le Palais du Trocadéro que, de mon sixième de l'avenue de Villars, je voyais construire, est achevé : les bêtes les plus illustres de la Création ont leurs statues tout le long de la cascade ; il n'y manque que celle du cochon qui a fait ça, face à l'exquise Ecole Militaire.

La troisième Exposition Universelle vient de s'ouvrir au pied de ce Palais si laid. M. le Maréchal-Président est venu l'inaugurer — « Que d'eau ! que d'eau !... » en effet il pleut à verse ! J'assiste, en compagnie de camarades irrévérencieux, au passage du cortège présidentiel, et nous chantons avec les tambours et les clairons qui battent et sonnent aux champs — « V'là l'Mac-Mahon qui passe, Tout bossu, tout tordu, tout mal f... !

     Tra la lala. »

Oui, c'est bien pour la dernière fois, que le pauvre cantonnier aura vu passer le traditionnel et beau carrosse doré, avec, derrière, en lapins, des larbins Louis XV dont les gros mollets blancs, ô attentat encore bénévole, sont impitoyablement exposés aux piqûres d'épingles !

Cette Exposition n'a pas l'entrain, la gaîté de la précédente, parbleu ! Elle est même d'un aspect si austère qu'elle en est ennuyeuse. Et pourtant c'est encore la beauté de la femme qui y resplendit ; mais cette fois cette beauté est en plâtre et c'est dans la section... des cuirs de Russie qu'on la découvre ! C'est une femme couchée sur le ventre et, à côté, la même femme couchée sur le dos, car ce sont deux moulages pris, d'un seul jet, sur nature.

L'ENTERREMENT CIVIL
(*Plaquette illustrée : Médor ou la Libre Pensée — 1877.*)

J'ai appris par *Le Journal des Goncourt* qu'Edmond de Goncourt avait partagé mon admiration (non apaisée par le temps) pour ce chef-d'œuvre uniquement dû à la rencontre de la femme chef-d'œuvre. Voici le passage de son journal qui prouve que cet écrivain d'un goût certain a, un instant hélas ! hésité entre sa collection d'une grande valeur et du plâtre !

Jeudi, 10 octobre. — « Au fond, dans toute cette Exposition de 1878, « il n'y a guère que les objets d'art japonais, les imitations de verre de « Venise, et le moulage russe d'un seul jet du corps d'une femme. Si je « n'avais pas de bibelots, j'achèterais ce moulage, et je n'aurais que cela « dans mon salon : ce serait la présence d'une belle réalité. »

Eh bien ! moi qui ai vu vos bibelots et vos dessins, je dis, M. de Gon-

(*Médor ou la Libre Pensée* — 1877.)

court, que vous avez eu tort de ne pas suivre votre inspiration. J'eusse alors tout fait pour être souris dans votre grenier !

Enfin je continuais à suivre les cours de l'Ecole buissonnière, où je fis de si rapides progrès que je commençais à retirer quelques bénéfices... d'amour-propre de ma badauderie studieuse. Ainsi un dessin paru dans *La Jeune Garde*, journal bonapartiste (1876) et quatre, moins un supprimé par la censure qui existait encore, parus dans *La France Illustrée* (1877). O joie de voir ses œuvres imprimées et accrochées aux kiosques à journaux ! « Et pour quand cette médaille ?... » me demande, narquoisement, mon père en constatant l'absence de mon nom sur son journal donnant un résultat de concours à l'Ecole.

LA CONSCRIPTION

— « Si je désirais des médailles, lui répondis-je, au lieu d'être un artiste, je me ferais soldat ! »

Un matin de l'année 1877, je descends, chez mes parents, si joyeux que le père, en train de se raser, m'interroge — « Où vas-tu ce matin ! » et moi fièrement — « Je vais aller tirer au sort. » — « Attends-moi, mon garçon, j'irai avec toi. » ... Patatras !... Quelle déveine !... Déjà, au Lycée, c'est le beau brassard frangé d'or du communiant qui m'a manqué et, au jour d'aujourd'hui, ce sera le flot de rubans tricolores, le gros numéro encadré d'une image, traditionnelle parure du conscrit, que je me faisais une fête de promener par les rues, et dont j'allais être privé ! Et nous allâmes au Palais de l'Industrie, où je tirai, sans joie, un numéro, pour moi, inutile [1]. Le gagnant du N° 1 a fait, sur l'estrade officielle, une telle gambade que mon père ayant éclaté de rire, s'est fait attraper, lui colonel, par le gendarme furibond ! Ah ! que j'avais du goût, comme dit ma petite amie Claudine !

ALPHONSE DAUDET

En ces temps, je faisais la connaissance d'un homme excellent, Giacomelli, le doux peintre d'oiseaux ; il prit un si vif intérêt à mes dessins, (et de cela je ne fus pas peu fier quand je sus qu'il était déjà un collectionneur enthousiaste de l'œuvre de Raffet), qu'il m'adressa à son ami Alphonse

---

(1) Exempté par mon frère sous les drapeaux.

Daudet en le priant de penser à moi pour l'illustration d'une de ses œuvres. Et j'allai trouver Alphonse Daudet qui demeurait alors dans une vieille maison de la Place des Vosges. Sans avoir attendu, je fus introduit dans le cabinet du maître écrivain, et aussitôt son aspect agréable et surtout le timbre délicieusement harmonieux de sa voix me remplirent d'aise. Mais je fus terriblement inquiet quand, très myope, il mit littéralement le nez sur mes dessins étalés. Cependant il dit gentiment qu'il les trouvait à son goût et voulut bien m'assurer qu'il parlerait de moi à Flammarion, pour illustrer Tartarin de Tarascon... Je me suis tenu à quatre, pour ne pas lui sauter au cou !

Peu de temps après cette visite, je reçus du maître une lettre m'avertissant que le travail avait été donné au peintre Jeanniot... alors, je me mis à pleurer ! mais à la fin de la lettre, il me disait — « Ne vous découragez pas, piochez et vous arriverez ! » puis il m'engageait à revenir le voir. Comme je sentais que ce n'était pas de l'eau bénite de cour, je me consolai de ma déception et j'allai naïvement le voir de temps en temps; et chaque fois j'étais reçu avec la même affabilité. J'eus même l'occasion de lui être agréable en patronnant, à l'atelier Cabanel où il devait entrer, un sien cousin Louis Montégut. Ce jeune homme qui devait, hélas, mourir bien avant moi, était un être exquis, et je fus heureux d'en faire mon ami.

JEAN D'ALHEIM

Un jour, à l'atelier, il vint à moi et me dit — « Daudet m'a chargé de te demander s'il te serait agréable d'aller, en province, faire de la décoration avec un peintre de ses amis, Jean d'Alheim? Tu serais logé, nourri et tu aurais deux cents francs par mois. » — « Ben, mon vieux, tu embrasseras Daudet pour moi ! » et je lui sautai au cou ! Et, mes échantillons sous le bras, je galope vers la rue de Vaugirard où demeure Jean d'Alheim « un vrai mais bon Cosaque ! » m'a crié Louis Montégut.

En effet le baron, ou mieux, le barine Jean d'Alheim était Russe : je le trouvai dans son atelier où, sur la recommandation de Daudet, il me fit le meilleur accueil. Je lui soumis quelques études et esquisses qui lui plurent, ainsi qu'à un de ses amis qui se trouvait là et dont l'avis favorable décida le peintre à m'engager sur-le-champ. Cet ami était le délicieux poète Paul Arène. « C'est en Corrèze que nous allons, me dit d'Alheim, chez le comte Robert de Montbron, pour décorer son château de Forsac. Courez faire vos préparatifs, nous partons dans trois jours. »

Aussitôt rentré à la maison, j'annonce la bonne nouvelle et je m'attends à un tas de félicitations. Mon père : « Cela tombe bien mal... mon garçon, je viens précisément de voir ton professeur, il est content de toi et même il m'a dit qu'il te comptait parmi ses futurs logistes. Quel besoin as-tu de gagner sitôt de l'argent, alors que le toit et le pain te sont assurés, par moi, au moins pendant le temps de tes études ? » — « Mon bon padre, lui dis-je, laisse-moi prouver que je suis déjà capable de gagner ma vie, laisse-moi voir un peu de pays ! Quant à l'Ecole ? Hé, mais j'y rentrerai à mon retour de Corrèze. » En promettant d'y rentrer, à l'Ecole, j'étais sans doute sincère, mais mon père qui, sans me l'avouer, rêvait pour moi le Prix de Rome, sentait bien qu'après avoir gambadé parmi le thym et la rosée, qu'après avoir fréquenté des hommes artistes ou écrivains plus âgés que moi, je ne reviendrais jamais plus à l'Ecole. Oui. Jamais plus ! C'est donc Alphonse Daudet qui eut une influence décisive sur ma carrière, et je lui garde une éternelle reconnaissance pour son heureuse intervention.

Je persistai donc dans ma résolution et, au jour dit, je montai joyeusement en wagon avec mon nouveau patron, déjà mon ami, sa femme et son singe, joli petit brésilien, qu'à cause de sa coiffure en forme de casque son parrain Paul Arène avait surnommé Astyanax ; lui aussi devint à l'instant même mon camarade.

CHATEAU DE FORSAC

Durant le trajet, d'Alheim m'expose le plan et les projets de la décoration dont il s'était chargé : à lui, paysagiste, il se réservait la salle de billard qu'il décorerait des vues du château et du pays, à sa femme qui était également peintre, il laissait le soin d'orner, de fleurs et de gibier, la salle à manger et à moi, il me confiait le salon immense où la représentation de figures allégoriques était tout indiquée. Diable !... diable !... et moi qui ne lui ai pas avoué que je n'avais jamais fait la moindre peinture ! mon compte me sera sûrement réglé pour insuffisance quand j'aurai achevé de dessiner les cartons ! Mais de cet instant je commence à pratiquer la devise qui doit être celle de toute ma vie — « Ah ! et puis barca !... je verrai bien quand arrivera le moment ! »

Nous descendons à Lubersac pour gagner, en voiture, le château de Forsac. Ce château qui comportait, autrefois, quatre grosses tours, est encore important et domine la forêt et le village de Besnayes. Nous y sommes reçus par le comte Robert et la comtesse avec toute l'amabilité que devaient témoigner les ancêtres de leur ordre aux artistes, unique gloire du XVIIIe siècle.

Et voici qu'à peine installés nous nous mettons à l'œuvre, mais bou Diou ! quelle surface à couvrir ! Par bonheur nous sommes tous les trois rapides. Jean d'Alheim, lui, dès qu'il commence une toile, c'est aussitôt charmant, puis il s'amuse à faire des tas de variations et quand il veut fignoler c'est... f... ! je m'en arrache les cheveux ! Combien je préfère les exquises études qu'il va faire en forêt ! C'est comme une manière d'amateur admirablement doué, mais trop souvent plongé dans d'interminables rêveries : le pauvre artiste qui était aussi poète songe peut-être à la Russie, à la petite Russie qu'il a quitté depuis plus de vingt ans, et je me dis : « Allons bon ! v'là le patron encore une fois parti dans le steppe ! » en le voyant fumer ses cigarettes, les yeux fixes. Mais quel causeur ! quel conteur délicieux !

Quant à Mme d'Alheim, Russe également, c'est merveille de la voir peindre ! Elle peint comme Mme de Sévigné devait écrire, comme George Sand faisait ses romans ! Elle ne revient jamais sur une touche, c'est dessiné et peint du même coup. Cette dame toujours vénérée est aussi une excellente musicienne et elle se remet, si simplement, à son travail de couture, entre une peinture achevée et une sonate exécutée, que je la regarde comme une fée. Comme une bonne fée, car elle est bonne et gaie, jamais je ne l'ai vue en colère. D'ailleurs tous deux ne tardent pas à m'témoigner une réelle affection qui me fera faire des tours de force pour leur en témoigner ma reconnaissance. D'ailleurs, je suis heureux et fier de couvrir de grands murs; par malheur, d'Alheim a eu l'idée de vouloir faire pour la décoration du salon, de la peinture sur reps et sur toile point Gobelins, en vue d'imiter la tapisserie, et de ce genre de peinture, nous nous avouons, mutuellement, ne pas en connaître le premier mot !... tableau !... nous sommes les deux augures ! Mais il ne paraît pas s'en faire : « Vous apprendrez, m'assure-t-il, en exécutant. » En vérité, le « Nitchevo ! » [1] du Russe correspond au « Et puis, barca ! » du Français. Il s'ensuivit que les premiers panneaux faits par moi sont atroces, les suivants détestables, il n'y a que quatre dessus-de-portes faits en dernier qui soient assez bons, pour que, trente-neuf ans après ce travail fou, je n'aie pas hésité à les signer à la demande d'un acquéreur.

Alors que je peine, en tremblant d'abîmer mes beaux reps et mes belles toiles « point Gobelins », et que le patron n'a point encore terminé sa salle de billard où il fait, avec le comte et ses voisins, d'admirables séries de points qui ne sont pas Gobelins, elle, Mme d'Alheim ayant tranquillement et bien fini la salle à manger, fait les portraits de nos hôtes. Alors d'Alheim me prévient qu'il va, avec sa femme, faire un petit séjour aux Sables-d'Olonne et que, pendant son absence, je peux, en m'amusant, commencer le grand panneau qui lui reste à faire.

Dans la belle forêt qui fait partie du domaine de M. Robert de Montbron, se trouve une source où, selon la légende, le grand saint Eloi trempait ses fers. Le jour de la Fanfaure, jour de fête pour le pays, les braves gens

[1] Nitchevo ! en Russe, n'importe !

se rendent à cette source où boivent et se lavent, pour leur guérison ou pour leur fécondité, les malades et les femmes.

Cette fête, en pleine forêt, est d'un pittoresque si curieux, qu'enthousiasmé, je la reproduis sur la grande toile que se réserve d'Alheim et laquelle enlevée d'emblée le remplit, à son retour, de surprise et de joie. J'ai revu cette peinture, sur place, lors d'un voyage à Forsac en 1910 et je fus si satisfait de cette composition qui est ma première peinture, que je la signai il y a sept ans, lors de ma dernière visite à Forsac...

En même temps qu'il faisait embellir son château, le comte faisait, à ses frais, restaurer la vieille église du village. Je m'étais lié d'amitié avec le peintre chargé de ce travail, un quarantehuitard qui ne jurait que par l'Etre Suprême, et j'allais, après mon bain matinal et quotidien dans la rivière glaciale, le voir à l'église où je me rencontrai un jour, avec M. le curé. Celui-ci ayant appris que j'étais le peintre du château, me dit la joie qu'il aurait d'avoir une peinture au-dessus du maître-autel.

— « Quel est, monsieur le curé, le patron de votre paroisse? » lui demandais-je.

— « Le patron de la paroisse, cher monsieur, c'est saint Maurice. »

— « C'est à ravir ! Je le connais très bien. C'était lui, le colonel de la Légion Thébaine, et il a préféré le martyre à la discipline !... eh bien ! monsieur le curé, vous aurez votre saint patron ! »

Et, sans plus tarder, me voici sur l'échafaudage, en train de peindre mon patron Alexandre Cabanel en saint Maurice !

— « Comme il est bien ! me dit, en joignant les mains, le bon curé venu timidement voir où en était le miracle ; vous avez été, monsieur, vraiment inspiré ! »

— « Hélas ! monsieur le curé, parce qu'il doutait peut-être de mon talent, saint Maurice n'a pas daigné descendre pour poser devant moi et c'est la très vénérable tête de mon professeur que je lui ai mise sur les épaules ! » et je lui montrai fort imprudemment la tête olympienne de Cabanel. Le brave desservant a disparu sans me remercier.

Et quand, de retour à Paris, j'allais voir Cabanel pour lui exposer les raisons de ma longue absence — « Maître, vous m'avez mis au Panthéon, alors je vous ai rendu la politesse en vous mettant, en saint Maurice, dans l'église de Besnayes, en Corrèze. » et le bon professeur se mit à rire, car il m'a toujours aimé, même après ma désertion.

Je n'avais, au château, qu'un ennemi ou plutôt qu'une ennemie, la femme de charge, mais jugeant qu'il n'était pas digne de me plaindre à ses maîtres de ses méchants tours, je me promis d'en tirer vengeance, grâce à mes pinceaux devenus experts. A cette fin, je proposai à l'aubergiste du village de lui faire une enseigne qui serait suspendue au-dessus de sa porte, et je laisse à penser s'il accepta avec empressement.

Alors, la décoration étant complètement terminée et sur le point de

AU COIN D'UN BOIS
Croquis d'un dessin fait en 1912
Paru dans "Le Rire"

quitter le château, je peignis en secret, dans ma chambre, sur une grande toile, ladite femme de chambre en sorcière partant au Sabbat, à califourchon sur un balai, et ce fut très ressemblant. Mais voici que, sur l'indiscrétion du domestique faisant ma chambre, la comtesse avertie fut désolée du scandale certain, d'autant plus que d'Alheim, prié d'intervenir, déclara n'avoir plus sur moi d'autorité, ma tâche étant terminée. Cependant le notaire de Masseret m'ayant été dépêché parce que nous nous étions fréquentés, je lui cédai la terrible toile qu'à ma grande surprise, je retrouvai, bien en vue, dans le grand escalier du château, lors de mon récent voyage à Forsac. — « C'est bon, n'est-ce pas, monsieur Willette ? » me dit en riant le comte de Montbron. — « Comment donc, ai-je répondu, mais ça aussi c'est une de mes meilleures peintures ! »

ATELIER JEAN D'ALHEIM, 77, RUE DE VAUGIRARD

Nous voici rentrés à Paris, enrichis d'une idée mirifique qui était venue à d'Alheim en me voyant me servir de pastels pour faire mes cartons (meilleurs que l'exécution). Cette idée consistait à abandonner la couleur liquide pour employer le pastel directement sur des toiles de laine à points réguliers. L'aspect de ce genre de peinture était des plus ravissants mais le travail en était des plus difficiles et il ne fallait ni chanter, ni tousser, ni danser, tant qu'il était en cours d'exécution. En effet, la difficulté fut de trouver le moyen de fixer le pastel sur la laine, sans déflorer l'une et l'autre matières également délicates. Après maintes recherches, Jean d'Alheim finit par trouver une dissolution de caoutchouc véhiculée sur la toile, au moyen d'un pulvérisateur encore à bouche [1]. Sapristi ! que ça me donnait soif ! car c'est moi qui, après avoir peint, soufflais comme le fils Oculi soufflait ! Et je travaillais à force !

Restait à trouver le commanditaire : bientôt, grâce à une excellente copie, à grandeur de l'original, que je fis, au Louvre, de *La Source* de M. Ingres, nous eûmes une pièce qui pouvait inspirer confiance et d'Alheim put, sans rougir, se mettre à la recherche de l'oiseau rare.

J'ai déjà dit que ce Russe exceptionnel était un conteur délicieux ; j'étais tout oreilles quand il me parlait de son pays et de ses mœurs. J'ai retenu toutes ces anecdotes, mais je n'en citerai qu'une seule parce que celle-là prouve que, malgré les Tolstoï... (ο τοτοι !... je vais me faire attraper ! par les Maximaleninhilistes et tous les Soviets), le peuple russe est un peuple enfant ; si jamais il vieillit, il sera encore en enfance, et habitué

---

(1) Ce moyen fatigant a peut-être contribué à me rendre cardiaque.

aux fessées, il ne vient d'échapper au knout impérial que pour subir la schlague... si *sehr gut*, qu'il en verra trente-six chandelles sans les bouffer !...
Mais d'Alheim raconte :

« Un jour, des paysans de son domaine, le staroste ou le maire en tête, vinrent trouver mon père et lui demander la permission de quitter le domaine pour aller saluer le czar Nicolas Ier qui, voyageant, devait passer par un pays voisin. L'occasion était trop rare pour que la permission ne fût pas aussitôt accordée; mais, au bout d'un certain temps, ne les ayant pas revus, mon père sachant leur retour et assez curieux de connaître leurs impressions les fit appeler auprès de lui :

— « Eh bien, mes enfants, vous ne vouliez donc pas me remercier, « ni me dire la satisfaction qu'a dû vous causer le résultat de votre voyage? « Avez-vous vu notre petit père le Czar? » Mais eux restant farouchement fermés, il reprit : « Eh bien! parlez donc! » Alors ils finirent par avouer, à la grande stupéfaction de mon père, qu'ils étaient mécontents, cruellement déçus d'avoir vu, en l'Empereur, un homme semblable à eux! — « Mais sans doute, mes enfants, leur dit mon père, Sa Majesté Nicolas est un « homme semblable à nous!... que croyiez-vous donc avoir comme Empe-« reur?... » — « L'aigle à deux têtes, barine ! »

Le souvenir de ce trait d'antique sauvagerie me fait donner foi à toutes les naïvetés un peu farces que l'on rapporte, aujourd'hui, sur ce peuple encore trop tôt lâché en liberté [1].

Cependant vint le moment où, pris par le cafard (j'avais alors 22 ans), fuyant la maison et l'atelier, j'allais, dans quelque église, la plus obscure, ruminer un chagrin obsédant, quand une terrible fièvre typhoïde faillit m'en délivrer pour toujours. Mais mon frère aîné, docteur de la Marine, revenu fort à propos de la Cochinchine, me soigna avec un tel dévouement, qu'il m'arracha à la mort sans lui certaine.

Quand, convalescent, j'appris le nom de la maladie que je venais de subir, je me rappelai tout à coup la phrase si farce du maréchal de Mac-Mahon à propos de la fièvre typhoïde :— « On en meurt ou on reste idiot... je l'ai bien eue, moi !. » J'en avais-t-y ri avant, mais, à cette heure, je la prenais si bien au sérieux, que j'eus le trac d'avoir perdu le peu que je savais!

Alors, tout en tremblant, je me mis au travail et je m'aperçus, avec joie, que jamais il ne m'avait été si facile. J'avais même, en tête, un tas d'idées nouvelles qui m'étaient venues je ne sais d'où, et qui me parurent bien plus meilleures. Sur ces entrefaites, d'Alheim vint me voir et m'apprit qu'il venait de trouver un ou plutôt deux commanditaires puisqu'ils étaient deux frères, MM. Borniol, des tout petits vieux, mais encore architectes.

---

(1) Ces lignes ont été écrites au début de 1917.

La joie hâta mon rétablissement, et je réintégrai l'atelier ; je quittai même définitivement la maison paternelle pour venir habiter chez d'Alheim afin d'être plus à même de l'aider à instruire les quelques artistes dont nous allions avoir besoin.

C'est à Florian Pharaon, et il en avait bien l'air, que nous devions la trouvaille de nos commanditaires. Cet excellent homme écrivait alors dans *Le Figaro*, sous la rubrique *La Vie en plein air*, des articles dont le plus intéressant fut certainement celui qui relatait, minutieusement, la scène de la dernière mise au pal qui eut lieu au Caire devant des Européens et des Européennes villégiaturant, comme lui, dans cette ville. Il y est dit que les protestations ne se firent entendre qu'après l'empalement, parbleu !

Certes, nous lui devions de la reconnaissance, mais nous eûmes incessamment à regretter qu'il nous ait fait imposer, comme confrère privilégié, un soi-disant artiste d'apparence, bon et jovial garçon, mais dont la ridicule et méchante collaboration allait être néfaste pour notre entreprise, Ulric de Fonvielle. C'était un tout petit quadragénaire bedonnant, tout noir, tout frisé, et dont le poil épais laissait dépasser un petit nez crochu et percer deux yeux moqueurs. Le trait principal de sa vie avait été d'avoir accompagné, à la mort, chez le sinistre prince Pierre, l'infortuné Victor Noir. En raison de ce drame historique encore récent, il était connu, mais toujours suspect à ceux de son parti. Après avoir vagabondé en Amérique, en Afrique, il était resté, moins la bonté, gamin de Paris, et n'ayant jamais rien appris, ni su, il avait la prétention de savoir tout faire, même de la peinture à l'huile.

De mon côté, je recrutais deux amis, véritables artistes : Tiret-Bognet, très lettré et délicieusement spirituel, un Irlandais Parisien, Dillon peintre, adroit et rêveur charmant. Mais Tiret-Bognet eut la malencontreuse idée de me prier de faire agréer un de ses camarades, champion de boxe, descendant du Baron des Adrets, grand ami des frères Clémenceau et qui dessinait des lions et des moucherons pour le Museum : ce fut le loup introduit dans la bergerie !

D'Alheim et sa femme aimaient à recevoir, au moins une fois par semaine, leurs amis et connaissances, et un buffet fort alléchant témoignait alors de leur généreuse cordialité, bien qu'ils fussent sans fortune.

Alors se succédaient les arrivées, des intimes et des simples camarades, poètes, peintres, sculpteurs, musiciens, etc.

C'étaient Paul Arène, son frère Jules, consul, revenu de Chine plus jaune qu'avant, Pollio, Prosper Marius, Léon Valade, Léonce Petit, artiste délicieux, Duclésiou surnommé, par d'Alheim, Dolmen-à-pattes, Duvigneau, Frémine, Bordone, ex-pharmacien devenu général en 70, le bon sculpteur Captier, Jouve, céramiste et intrépide chercheur, Parvillée, céramiste également, Damoye, Léopold Dauphin, poète et musicien, Henri d'Herville, Alma Rouche, musicien composant sur du François Villon, le bon père Kretz, vieux bohême exquis, Chien-Caillou aquafortriste [1], Boudouresque, basse de l'Opéra, le photographe Carjat qui lors d'une représentation d'une pièce révolutionnaire à l'Odéon, entendant Marat réclamer « cent mille têtes » cria, de sa place — « Ce n'est pas assez ! » A vrai dire, si le bon photographe avait bien voulu se contenter de cent mille têtes, du moins, pour son objectif, le terrible Bénassit n'aurait pu dire de lui — « La faillite en cheveux jaunes ! » C'étaient Mario Proth, Lafenestre, Laporte ; puis vers les deux heures rappliquaient les derniers joueurs chassés par la fermeture du Châlet Lang, brasserie d'artistes sise rue de Rennes.

Réunions au moins pleines de cordialité, sauf quand les céramistes rivaux Jouve et Parvillée se prenaient aux cheveux — « Rassurez-vous, vieux fourneau, disait le premier, je ne vous dispute pas la décoration des angles d'éviers ! »

Il me paraît aujourd'hui, comme j'en avais déjà l'intuition, qu'en art comme en politique, les jeunes de l'Empire étaient restés, malgré le double désastre de la guerre et de la Commune, d'une puérilité déconcertante. En art, ils ne pensaient qu'aux médailles ! en politique, ils croyaient à la fraternité des peuples, et ils chantaient, et ils buvaient — « A l'indépendance du Mon...onde ! » Ils avaient déjà oublié le Boche !

Ces causeries et ces chants qui puaient la loge et le café de Madrid auraient fini par rendre ces soirées un peu fastidieuses, si nous, les nouveaux jeunes, n'avions pensé à installer un Guignol où passait l'actualité et dont les étoiles étaient Mac-Mahon et Victor Hugo s'envoyant en vers les plus effarantes choses du monde. Le chœur était composé de Zoulous.

Entre temps, les ateliers commençaient à se remplir de toiles. Tiret-Bognet avait entrepris une longue frise très bien composée de personnages Louis XIII. Le bon Dillon, toujours flegmatique, terminait deux panneaux représentant de charmantes femmes-fleurs. Quant à moi, j'avais déjà achevé une copie de la *Séléné* de Machard, pièce que j'ai retrouvée, dernièrement, presque intacte, sauf quelques reprises, chez un ancien modèle de Gérôme devenue brocanteuse, *La Secatori*. J'entrepris, à la suite, l'agrandissement du fusain de Prud'hon qui est au Louvre, *Le Crime traîné devant la Justice*, admirable sujet pour la décoration d'une Cour d'Assises... il est fâcheux qu'aucun Directeur des Beaux-Arts n'y ait encore songé ! En outre, pour encadrer cette impressionnante composition, je fis une bordure et, dans le bas, une petite frise.

Fonvielle et l'ami des frères Clémenceau, devenus des inséparables, travaillaient dans un atelier auxiliaire, et comme j'avais deux grandes toiles, en train, je m'étais installé, auprès d'eux, avec celle qui était de mon cru, *Diane et Calisto*, composition qui m'avait valu les éloges de Cabanel et les honneurs de l'affichage à son atelier. Les deux compères collaboraient

---

(1) Il y avait de quoi, car ce graveur de talent était misérable.

ROBERT WILLETTE

à une même toile représentant une chasse à la lionne en Algérie !... une vraie descente de lit comme on en voit encore dans les bazars de la banlieue ; j'en ris encore ! Et pourtant, par camaraderie, je défendis cette besogne inutile contre la répulsion légitime de d'Alheim, lequel d'ailleurs commençait à se méfier de ces artistes à la manque.

Un matin, en me remettant au travail, je m'aperçois, n'étant pas de ceux qui les comptent en les dessinant, que chacune de mes nymphes a six doigts de pied ! — « Voilà ce que c'est de laisser la porte ouverte à tout venant ! » dis-je en riant le premier, pardi ! de cette blague dont je corrige facilement le mauvais effet. Ma bonne humeur devrait désarmer les mauvais farceurs. Nullement ! Le surlendemain, dès en entrant, j'aperçois disséminés sur mes figures, de scandaleux buissons noir d'ébène !... cette fois le mal est irréparable, ce gentil travail en plein pastel, ayant été fait au crayon Conté, comme le portrait de Paul Robert ! » — Celui-là qui a fait ça, est vraiment une brute ! » me suis-je écrié, sans penser que mes deux confrères, hypocritement apitoyés, puissent être capables d'une pareille insanité, et eux, qui sont les coupables, me laissent accuser Eliacin, le petit garçon de l'atelier !

Ah, les mauvais camarades ! Ils nous desservirent si bien auprès des commanditaires, que l'affaire tomba dans l'eau sans que d'Alheim découragé cherchât à la repêcher. D'ailleurs une entreprise similaire mais plus industrielle, menée par les frères Létoret, devait bientôt rendre toute concurrence impossible.

QUARTIER LATIN

Alors je quittai, le cœur gros, mais reconnaissant d'avoir pu m'y révéler, l'atelier de Jean d'Alheim et je louai un petit atelier au 83 de la place Saint-Jacques, au milieu d'une cité de chiffonniers. Mais j'en fus aussitôt dégoûté, après une nuit d'insomnie durant laquelle j'avais été veillé par d'énormes rats en arrêt autour de mon lit' et j'allai loger, rue Toullier, à l'hôtel Soufflot, hôtel tenu avec la plus rigide austérité. J'y retrouvai, ainsi qu'aux alentours, mes anciens camarades du Lycée qui faisant leur droit, qui leur médecine.

J'avais, à ce moment, en vue du prochain Salon de 1881, l'idée d'un grand tableau, une *Tentation de Saint Antoine*, mais j'allais y renoncer, faute des fonds nécessaires, quand l'un d'eux, Fernand Pichon [1], me fournit fraternellement les moyens de l'exécuter. Puis mon excellent confrère Dillon m'offrit l'hospitalité dans son atelier. C'était, au 77 de la

(1) Camarade du lycée poète exquis et artiste.

rue Denfert-Rochereau, une rangée d'ateliers en planches pour la plupart occupés par des sculpteurs. J'ai toujours aimé la fréquentation de ces mâles artistes, j'eus donc le plaisir d'y connaître le studieux Longepied et le délicieux Etcheto auquel Paris doit une de ses meilleures statues, celle de « François Villon ». Hélas ! ces deux artistes sont morts en pleine jeunesse ! Personne ne couchait dans ces ateliers, hormis Dillon et un sculpteur, fou, son voisin. Les excentricités et les menaces incendiaires de ce dernier avaient tellement terrifié la charmante maîtresse de ce peintre que le gentil ménage avait été, pour la nuit, obligé d'aller gîter ailleurs et m'avait prié de coucher à l'atelier pour surveiller le pauvre dément toujours à la veille de mettre le feu.

Je lui fus tout d'abord sympathique, mais un jour ayant eu la malencontreuse idée d'apparaître coiffé d'un haut-de-forme que je tenais de

LA TENTATION DE SAINT-ANTOINE

mon père, il fut pris d'une rage sauvage, et la hache de guerre fut déterrée ! Derrière la mince cloison en planches, j'entendais ses injures et tous les détails de ma prochaine exécution. « Ah ! les salauds de Parisiens !... j'aurai leur peau et la tienne aussi, petit scorpion avec ton décalitre à poils !... » Il faut dire que cet infortuné artiste avait eu son frère soldat tué pendant la résistance de la Commune ; de là datait sa haine des Parisiens. Une nuit, que je lisais dans le lit, à la lueur d'une bougie, j'entendis marcher sur le toit et, bientôt, je vis apparaître dans le cadre de la lucarne placée au-dessus du lit, éclairée par ma bougie, la face grimaçante du fou !... non, jamais artiste gothique ou japonais n'a trouvé une expression plus diabolique.

Enfin, on finit par nous en débarrasser et je pus, en toute tranquillité, mener à bien ma *Tentation*. Je n'avais que quinze jours pour faire cette grande toile, et déjà des confrères sceptiques commençaient à ricaner... mais Boulette, couchée sur de la belle paille, était le plus gentil des modèles et l'Italien, dévoué comme le sont tous les modèles italiens. J'arrivai à l'heure ! et mon tableau bien encadré partit pour passer devant le Jury... A Dieu-vat !... Merci, Pichon ! Merci Dillon !

Un soir, comme je rentrais de bonne heure à l'hôtel et tandis que je prenais ma clef dans mon casier, je trouvai, sous mon bougeoir, un papier plié. — « Mon enfant, je reviens de voir Cabanel, ton tableau est reçu ! Ton père heureux. » Aussitôt fou de joie, je cours à la brasserie Soufflot où nous nous réunissions et j'annonce la bonne nouvelle que Pichon et tous les autres camarades accueillent en m'applaudissant. Mais voici qu'en ce temps-là, tous ces chers amis, les seuls que j'avais alors au Quartier, ayant terminé en même temps, leurs études allaient disparaître, se disperser et je devais alors me trouver subitement seul. Il faut dire que, très timide, je n'avais fait, au Quartier Latin, aucune amitié, aucune connaissance, n'ayant jamais fréquenté que mes camarades du Lycée. Et même, quoiqu'en ait dit Émile Goudeau, dans ses *Dix ans de Bohême*, je n'ai jamais fichu les pattes aux Hydropattes du temps que j'habitais au Quartier.

D'ailleurs, je fréquentais peu la brasserie : la médiocrité de mes ressources et surtout l'horreur que j'ai toujours eue du jeu m'en éloignaient, et malheureusement pour la bonne causerie, mes camarades s'y livraient sans lassitude.

Le Salon vient de s'ouvrir pour le vernissage, et j'ai la grande satisfaction de voir ma *Tentation* bien placée. Mon tableau est, sinon apprécié de tous, du moins remarqué : « Ce sera le succès du dimanche ! » dit un critique. — « Albert Wolff n'en a pas parlé ! » me dit ma mère très déçue, car elle croit, comme tout le monde, à l'infaillibilité de l'Homme à la tête de Wolf [1]. Cependant, j'ai pour moi, le critique du *Temps* [2] et la maison Braun m'a demandé d'éditer mon œuvre, ce dont je ne suis pas peu fier.

---

(1) Ainsi nommé par Paul Arène en souvenir de « l'homme à la tête de veau », une célébrité de la foire de Neuilly.
(2) Paul Mantz.

REPORTER DU FIGARO

Tandis que j'espérais un acquéreur, je reçus de M. Périvier auquel mon père m'avait peu de temps avant présenté, un petit mot m'invitant à passer au *Figaro*. « Etes-vous libre?... oui, eh bien le *Figaro* vous envoie, à Cahors, pour prendre des croquis sur le voyage de M. Gambetta dans cette ville. Vous partez, ce soir, avec notre reporter M. Pierre Giffard que voici et qui vous pilotera. Il est bien entendu que c'est un essai que nous faisons et que vous ne devez vous réclamer du *Figaro* qu'à la dernière extrémité. » Le soir même nous prenions le train, mais à peine installés, Giffard qui était redescendu sur le quai revient me prévenir, en courant, qu'à la demande de son chérubin Emmanuel Arène, Gambetta acceptait, dans son train spécial, tous les représentants de la presse. Je dégringolais de mon wagon avec ma valise mais en oubliant mon beau pardessus tout neuf! Et ayant perdu de vue mon compagnon, j'allais monter dans un compartiment quand les occupants qui se connaissaient tous me crièrent : « Représentants de la Presse !... » Moi aussi, je suis le fils naturel de votre confrère Giffard ! » et je m'installe d'autor. Ce qu'ils m'ont fait d'abord une tête! Surtout mon vis-à-vis, le nommé Flor O'Squar [1], un gros borgne. Tout à l'heure, aux stations espacées, il haranguera les curieux, en tenant son œil de verre entre le pouce et l'index, et déclarant que c'est lui Gambetta!

Toutefois ma bonne humeur ne tarda pas à inspirer confiance à mes compagnons de voyage et même à m'attirer la sympathie du délicieux Gaston Vassy, de *L'Evénement* ; les autres étaient Robert Case, devenu plus tard mon ami, l'affreux Mermeix, Bloisglavy, Cappelle, Bertie Mariotte, Fernand Xau, Duc-Quercy à la barbe de fleuve, etc. Enfin on ne s'embêtait pas trop et on roulait rapidement, quand tout à coup le train ralentit. Nous étions parvenus à Fumel où nous attendait la surprise d'un spectacle vraiment émouvant : le train se mit à longer, lentement, une grande rame de wagons de ballast surchargés d'ouvriers et d'ouvrières d'usine, noirs comme des diables et qui, drapeaux en tête, montraient des dents de jeunes loups en poussant des clameurs joyeuses : « Vive Gambetta ! Vive Gambetta ! » lequel se penchant hors de la portière les harangua dans leur patois.

Alors l'enthousiasme de ces braves gens arrivé au paroxysme nous

(1) Auteur des *Coulisses de l'Anarchie*, à relire aujourd'hui.

gagna, et il m'émut assez pour qu'aussitôt arrivé à Cahors, j'en fis un grand dessin certainement impressionnant ; ce ne peut être qu'en raison de sa sincérité qu'il n'a jamais paru, car je le tiens encore pour bon. Si, pour ce voyage sûrement triomphal, le *Figaro*, journal réactionnaire, attendait de moi de la caricature, cela ne valait pas de m'envoyer, sur place, où, comme un artiste loyal, je ne pouvais que constater le succès réel de Gambetta.

Arrivés à Cahors, Pierre Giffard et moi nous descendîmes chez l'habitant ; fouinard et probablement économe, mon mentor préférait cette hospitalité à celle de l'hôtel ; nous trouvâmes donc à loger, dans une chambre à deux lits, que consentit à nous louer une vieille dame n'ayant elle aussi qu'un œil.

Immédiatement, afin de respecter l'incognito qui m'avait été recommandé, je revêtis le gracieux costume de l'ouvrier typographe, y compris les espadrilles, et m'en allai baguenauder dans les rues de Cahors aussi pleines d'enthousiasme que l'avaient été les wagons des usines de Fumel.

Mêlé au bon peuple cadurcien, j'assistai à toutes les cérémonies, à l'inauguration du monument des mobiles du Lot où Gambetta parla et comment !... j'en étais transporté d'admiration à le voir rouler, positivement, sa grosse tête barbue et chevelue le long de son bras droit tendu vers l'idéal, au milieu du fracas de ces mots sonores... « la Rrrrépublique !... le prrrogrès... la patrrrille !... » Le lendemain matin après avoir lu, dans le journal qui en donnait le texte, le beau discours qui m'avait fait délirer, je demandais à mon camarade de chambrée — « Est-ce donc ça que j'ai entendu hier ! mais il n'a lâché que du vent, le grand tribun ! » Hélas oui, ce genre d'éloquence perd à l'impression.

Le soir, j'allais faire un tour à la Maison Tellier où les journalistes de la région recevaient leurs confrères de Paris et d'ailleurs ; à cause de mon costume, je n'avais pu pénétrer dans le salon qu'après avoir prouvé ma qualité de correspondant du *Figaro* ainsi que j'y étais autorisé en cas de force majeure ! Je laisse à penser si ma petite veste bleue et mes espadrilles eurent du succès auprès de ces dames !

Du coup, j'étais devenu populaire parmi mes confrères momentanés du reportage.

— « Pinteux, me dit en déjeunant Giffard mon mentor, s'il te reste de l'argent, tu seras bien gentil de me le prêter, je te le rendrai à Paris. » Et voilà que le soir même, en rentrant dans notre chambre, tandis qu'il dormait, je dépose, sur sa table de nuit, les quinze beaux louis qui me restaient. Pourquoi, pensais-je en me couchant, cet homme qui ne boit ni ne fume, qui ne fréquente ni la Dame de pique ni la Dame de cœur, a-t-il besoin d'argent?... N'y a pas que le tabac, l'or aussi fait rêver, autant que la pipe, quand on se plaît à le faire couler dans ses mains !... c'est peut-être bien là son plaisir à c't'homme ?, et je m'endormis. Le lendemain, de grand

matin, je fus réveillé par un colloque établi entre notre confrère Robert Case et Pierre Giffard encore au lit. Ayant joué toute la nuit et ramassé la culotte, Case demandait à Giffard de lui prêter quelques louis et comme Giffard, ignorant la présence de l'or que j'avais mis la veille, en évidence sur sa table de nuit, jurait ses grands dieux qu'il n'avait pas d'argent, le pauvre confrère sortit indigné en claquant la porte. — « Cochon ! » Et moi de me tordre d'autant plus que l'emprunteur ne fut pas rappelé. Et ce qu'il fut intrigué, puis scandalisé, mon compagnon de voyage quand, montés dans le train pour le retour, il me vit découvrir un beau pâté doré et une bouteille de vin, du bon vin de Cahors que Madame, m'ayant toujours tenu pour un brave petit ouvrier, m'avait remis pour la route... il en a tout de même mangé et bu, le frère sérieux !

Je dois ajouter que j'avais repris ma tenue bourgeoise, mais il me supplia d'enlever toutes les médailles commémoratives qui brinqueballaient autour de mon dix-huit reflets, véritable chapeau chinois.

MONTMARTRE ! LA RUE VÉRON (1882)

De retour au Quartier, je me retrouve dans un désert absolu; c'est alors que mon frère le docteur qui venait de se marier et de s'établir médecin rue Lepic où il exerce, toujours si heureusement, surtout pour les mômes à Poulbot, me prévint qu'il avait trouvé, pour moi, un petit atelier rue Véron et qu'ainsi, cette rue donnant dans la sienne, nous ne vivrions pas trop séparés. Je dis donc adieu à l'hôtel Soufflot et à ses bons propriétaires M. et Mme Révol que je revoyais toujours avec plaisir quand plus tard, d'excursion au Quartier, je déjeunais à leur excellente table d'hôte, et je partis sans autre regret pour la rive droite, redoutée comme l'inconnu.

Quand j'eus laissé retomber le paquet de mes frusques dans mon nouvel atelier, ma joie fut grande d'apprendre, de la concierge, que Paul Arène s'était fait un pied-à-terre du petit logement mansardé situé sur mon palier et que le locataire de l'étage en-dessous était un peintre, Paul Quinsac, élève de Gérôme, un de mes meilleurs camarades de l'Ecole. Chouette ! je ne serai pas isolé !

Cette maison portait alors le numéro 20; aujourd'hui, c'est le 21 : elle est encore décorée de faïences dues à Parvillée que je connus chez d'Alheim, et ami du propriétaire sculpteur industriel en train de faire fortune en Amérique. Le proprio, un nommé Heller, étant une manière d'Alsacien, son ami le céramiste avait placé sur la façade de sa maison un médaillon qui représente une tête d'Alsacienne avec cette inscription « All' right ! » pourquoi « All' right ! » Le vieil ouvrier d'art a-t-il eu le pressentiment que c'est à l'aide providentielle de l'Anglais que nous devrons le retour à la France de cette chère province ?...

Comment mon frère qui, différent de moi, est un homme d'ordre, a-t-il pu laisser moisir, depuis trois mois, dans son tiroir, cette lettre qu'il me remet et qui m'était adressée pendant mon voyage à Cahors ? Hélas ! c'était un M. Bonfils, notaire à Montpellier, qui m'offrait quinze cents francs de ma *Tentation de Saint Antoine* ! Aussitôt, avec mon acceptation, je lui expédiais le tableau lequel, comme de juste, il me renvoya me disant que, puisque sa proposition était restée sans réponse, il avait acquis une autre toile. Mon désappointement fut tel que je lui écrivis une lettre imbécile que je regrette et dont il a dû m'excuser, je l'espère.

Quinze cents balles ! rugissais-je, intérieurement, tandis que je me dirigeais chez mon frangin pour y déjeuner. Quinze cent balles ! certes, cela eût mieux fait que cinq chous pour monter mon ménage !... quand tout à coup, j'entendis une exclamation de joyeuse surprise — « Tiens, Willette !... bonjour Willette ! » à laquelle, non moins surpris, je répondis — « Tiens Yéyenne !... bonjour Yéyenne ! » Et j'embrassai Emilienne, gentil modèle de Montparnasse que je retrouvai inopinément sur le seuil d'une toute petite crémerie de la rue Véron ; j'y pénétrai avec elle et nous déjeunâmes ensemble pour parler du pays et du déjà passé.

Et j'y revins le lendemain, les jours suivants, puis tous les jours pendant quatre ans. Ah ! c'est que c'était une vraie Cour d'amour, cette petite crémerie tenue par une brave et digne femme Mme Veuve Cucurrou... Coucourou !... coucourrrou ! Quand je m'attablais les premiers temps dans la petite salle du fond pouvant à peine compter quinze places, je fus d'abord le seul client mâle parmi les clientes qui étaient de délicieuses petites ouvrières ou modèles ayant de la gaîté plein la gorge et de l'esprit, du bon esprit parigot, jusqu'au bout des griffes roses.

C'était Nini, brunette au gentil petit nez en l'air, venant toujours déjeuner, telle une pierrette, en camisole, si heureusement entr'ouverte, sa tête espiègle encadrée d'une collerette d'un blanc immaculé [1], c'était l'élégante Fifine, jolie, jolie, mais trop prétentieuse, sa petite sœur Emilienne, surnommée « P'tit Torse » [2] parce que pas plus haute que ça ; elle nous dit, un dimanche matin, en tapant sur son jersey — « Je viens de me laver le torse ! » C'était la Grande Louison [3], splendide blonde qui chantait des chansons bêbêtes à nous faire mourir de pleurer de rire ! C'était la môme Crapaud [4]..., cependant gentille avec de beaux yeux de velours aimants, mais affligée d'une bouche défectueuse. C'était Colibri [5], la plus

(1) Aveugle !
(2) Suicidée par amour !
(3) Artiste lyrique... encore plus belle !... officier d'Académie.
(4) Mariée.
(5) ... morte comme les petits oiseaux... les pattes en l'air !

jeune de toutes, quinze ans, pauvre petit oiseau tombé trop tôt du nid... heureusement parmi nous, petite fille au geste gracieux. Enfin c'était un autre petit bout de femme, la môme Caca ! L'ardoise et la craie, en mains, pour l'addition, Mme Cucurrou lui demande, un jour, ce qu'elle a consommé pour son déjeuner — « ... Et vous, Mademoiselle Joséphine ?... » — « Eune sardine, eune sélède et un sou d'pain ! » déclare d'un air béat, la môme Caca, en faisant des ronds de fumée avec sa sibiche. Ah ! elle ne s'en faisait pas cette gosse de la Butte, avec ses joues en pommes d'api !

Puis vinrent quelques petits ménages, celui d'un peintre qu'avec sa maîtresse, une belle et bien douce brune, on appelait « les nègres », celui d'Heidbrinck avec une jeune et fraîche Bordelaise qu'il appelait lui-même « La Citrouillarde » à cause de sa voluptueuse rotondité qui faisait sa joie d'amant et sa fierté d'artiste. Enfin celui de « l'Impératrice », rousse gracieuse et douce, et de son ami « l'Empereur » ainsi nommé parce qu'il ressemblait à Napoléon III.

Paul Quinsacet Steinlen, qui habitait alors en face, rue Ménessier, avec sa charmante femme, venaient souvent nous rejoindre dans ce petit cénacle heureusement ignoré des autres mortels et dans lequel un siècle et quart à peine contemplait amicalement le jeune homme pâle et maigre que j'étais alors.

Oui, c'est bien là que j'ai appris à connaître la grâce pas chiquée, celle que ne connaîtra jamais, pas plus dans les thés mondains que dans les bars demi-mondains, le jeune snob. Cette grâce est celle de la Parisienne non influencée par la mode et le goût étranger. C'est à elle que je dus, par exemple, le succès de ce dessin paru dans le *Courrier Français* : une petite femme vient de lâcher subitement le bras de son ami pour aller déposer un baiser sur les naseaux d'un pauvre cheval de l'omnibus stationnant sur la Place Pigalle. J'avais été le témoin ému de cette petite scène et je soulignai mon dessin de cette légende : « Mimi Pinson, tu iras en paradis ! »

Après celui de pitié, voulez-vous le geste de coquetterie ? C'est celui de cette petite blanchisseuse qui, revenant du lavoir et, bien que ployant sous le poids d'un énorme paquet de linges mouillés, s'arrête devant le miroir d'une boutique pour, d'une main, arranger son chignon... Cendrillon à la veille d'être reine !

Autre petite scène de grâce peut-être perverse et préméditée mais combien amusante ! Un camelot vend, sur le trottoir, des talons tournants en caoutchouc : il en ajuste, précisément, un à la bottine d'une cliente de passage (?) qu'il tient, d'une main solide, par la cheville, sur son genou, sans cesser de faire son boniment devant un public ravi d'admirer un beau mollet, une croupe tendue, une nuque fascinante et deux jolies petites mains appliquées, en étoiles, contre le mur... Ça, avec du soleil !... ça vaut mieux que tous les Tangos [1] du monde !

(1) Danse bêtement géométrique qui gagnerait peut-être à être dansée nu?

Les petits oiseaux meurent les pattes en l'air !

Mais pour la grâce de la gaminerie, à Colibri, mon petit modèle, le pompon ! Quand nous sortions ensemble, elle faisait de ci, de là, moult espiègleries, ainsi, en passant devant un café, de tremper le bout de son doigt dans le petit verre à liqueur chère d'un monsieur assis à la terrasse. « Tiens, mais c'est bon ça ! » Le gavroche en jupon était gentil, le monsieur riait, mais il pouvait se fâcher — « Colibri, tu es insupportable, je suis responsable de toi, tu vas m'attirer des histoires, je veux que tu me donnes le bras. » Et comme elle ne voulait rien savoir, je fis l'acquisition d'un joli collier de chien avec grelot que je lui passai autour du cou. Avec quelle joie gamine elle accepta alors d'être menée en laisse ! C'était délicieux ! je crois même que c'était aussi l'avis des passants.

Evidemment pareille tenue n'aurait pas été de mise sur le Grand Boulevard; mais à Montmartre, encore champêtre, les artistes étaient chez eux. De temps à autre, le dimanche ou le jeudi, l'après-midi ou le soir, je montais sur la Butte et j'entrais au Moulin de la Galette pour y retrouver mes camarades et nos petites amies de la rue Véron, encore plus jolies par le plaisir qu'elles prenaient à la danse.

Le Moulin de la Galette n'était pas un mauvais lieu, comme le prétendait une légende aujourd'hui p ut-être justifiée ; si peu croyable que ce soit, c'était même un rendez-vous familial ! De vraies mères y accompagnaient leurs filles, et la preuve c'est qu'elles y amenaient, en même temps, leurs tout petits. Car, à côté de la salle de bal dont on entendait l'orchestre endiablé alors dirigé par Olivier Métra, il y avait les jardins avec débit de galette toute chaude qu'on allait manger, sous les tonnelles, en buvant le saladier de vin à la française. Il y avait encore, pour les grands et les petits, un manège de chevaux de bois qui tournaient, sans discontinuer, au son de l'orgue de Barbarie.

Un beau jour, sorti de ce milieu si gai, je vais, pensif et solitaire, au travers de la Butte encore surveillée, rue des Rosiers, par un poste de soldats. J'ai, depuis quelque temps, « l'âme nouère » comme disait, avec son accent si drôlatiquement rustique, ce grand artiste Henri Pille. Partie avec un vent favorable sur cet océan redoutable que du haut de la Butte, me paraît Paris, ma pauvre barque, lestée d'un si mince bagage d'études et de connaissances, me paraît bien trop fragile pour espérer la mener, saine et sauve, à bon port. Mon tableau *Une paire d'amis*, que m'ont posé la Grande Louison et ma petite chatte noire Boulette, vient d'être refusé au Salon, peut-être bien à cause du succès, jugé trop prématuré, du premier. Ah ! c'est qu'ils tiennent à leur rang et à leur place comme des fonctionnaires et qu'ils défendent leur commerce, nos anciens ! Et pourtant, nous ne crions pas — « Place aux jeunes ! » car nous, les jeunes, nous sommes des résignés, des insouciants sans nulle théorie en art ou dans la vie. Les journaux à images sont rares, et si peu rémunérateurs ! Quant aux publications sérieuses, leurs dessinateurs ordinaires sont bien trop féconds pour espérer

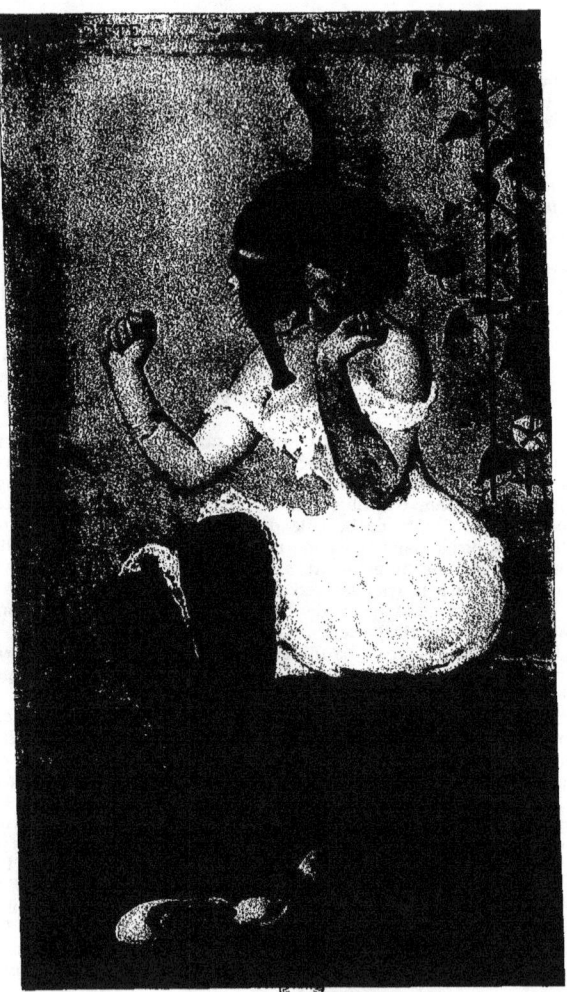
UNE PAIRE D'AMIS

« Aspice Guillaume pendu !...
oui vieille fripouille, à la place de Pierrot
et c'est bien ton tour !... »
A. Willette
Dessin fait à la main et de tout cœur

y trouver une place, si petite soit-elle. Recommandé par l'aimable Philippe Gille, du *Figaro*, je suis allé me proposer chez Lavastre décorateur de théâtre, et croyant vaincre son hésitation — « Prenez-moi, lui dis-je, pour débuter comme garçon d'atelier ? » — « Non, a-t-il décidé, vous êtes peintre de figures, je n'aurais pas à vous employer. » J'ai eu envie de lui rappeler qu'il avait souvent l'occasion de faire faire de la figure, témoin sa hideuse décoration de l'hôtel du Figaro. Il est plus probable que c'est ma figure qui ne lui revenait pas... Diable !... diable !... et je m'arrête devant le beau coucher de soleil qui fait scintiller, au loin, le dôme encore assez doré des Invalides... la gloire !... la gloire !... y parviendrai-je jamais... assez tôt pour faire plaisir à mon père qui, là-bas, sous ce beau dôme, se repose de la vie modeste qui lui a été faite, mais qu'il a rendue si belle par son culte du devoir? Si je n'ai pas, comme tant d'autres, en art, la douleur de chercher ma voie, j'aurai celle d'être obligé d'y renoncer, incessamment, faute de pouvoir gagner ma vie !... Alors, contemplant ces flots de maisons dans lesquelles il ne pouvait jamais y avoir nul besoin, nul désir de mes productions, je m'écrie — Ah ! si j'étais de Toulouse, tout Paris serait à moi ! mais hélas, je suis de Cochon-sur-Marne ! [1] et puis... et puis je suis seul, tout seul ! Tout à coup, me voilà saisi du trac de la vie ! ma foi oui, il est préférable de renoncer à une lutte inutile, je vais me noyer... mais c'est que je sais nager !... me brûler la cervelle ?... quoi donc, avec ma pipe ? —... trop cher un revolver et puis j'en aurais peur !... que je suis bête ! je me pends, un coup de pied dans l'escabeau, et houp, ça y sera ! va donc pour la corde ! D'ailleurs, j'ai entendu dire qu'en se pendant on fait comme qui dirait l'amour avec la Camarde !

Dans cette intention je redescends, chez moi, rue Véron, et ayant retrouvé dans mes accessoires, le lasso que mon père a rapporté du Mexique et le nœud coulant étant tout fait, je plante un clou... si j'allais faire mes adieux ? Je sors pour aller chez mon frère le prévenir d'un grand voyage que j'allais entreprendre : je ne le trouve pas, il est parti faire ses visites... chez des moins malades que moi.

En retraversant la rue Lepic, j'aperçois un petit café blanc ; c'est le Café du Commerce où je sais trouver Paul Quinsac en train de faire sa partie de cartes. Je veux que le dernier mot entendu soit un mot de tendre affection ; lui est un bon camarade, il me le dira... « Ah ! c'est pour ça que tu me déranges, s'écrie-t-il, eh va donc te pendre !... quatorze de rois, trois valets, quatrième à la dame, vingt et un... et je joue un... » Très mortifié, je vais me lever pour sortir quand un peintre de ses amis, pensant que ça pouvait être sérieux, me retient et me dit : « Comment, après le succès que vous avez eu au Salon de l'an dernier, vous laissez-vous aller au découragement ? Essayez encore ! Tenez, la mode est au panorama, on en fait de tous côtés ! on est en train d'en faire un, *Le Tour du Lac*, à la place d'Eylau. Allez-y de ma part, vous demanderez Georges Lévadé, c'est un gentil garçon et mon obligé ; il vous présentera au patron auquel vous ferez bien de montrer la photographie de votre tableau du Salon. »

LE PANORAMA

Soit, c'est partie remise et je prends Villette-Trocadéro pour aller place d'Eylau me faire présenter au peintre Olivier Pichat, l'inventeur de ce panorama *Le Tour du Lac*. Le camarade Georges Lévadé était absent, ainsi que le patron, mais je fus reçu par le peintre Paul Merwart, mon camarade d'Ecole et qui devait périr dans la catastrophe de Saint-Pierre. Il

---

(1) Jamais Châlons-sur-Marne, ma ville natale, ne m'a fait la moindre commande, le plus petit achat, et je suis toujours éreinté par la presse du pays.

Le mauvais Larron
Salon de 1883

était le massier de l'atelier, les autres collaborateurs étaient — le paysagiste Pail, un bon gros garçon chargé de l'ensemble du paysage qui comprenait le bois de Boulogne, son lac et un peu de fortifs, son adjoint Béroud, très expert en perspective et en trompe-l'œil. Gibon, peintre de la Butte et de talent, faisant sa spécialité du soldat et du singe, Drivon, bon hercule surnommé Ursus, mort jeune, hélas ! le bitterrois Tanzi, mousquetaire de la Maison du Roy... bet, l'exquis Edmond Morin qui a précédé Vierge Urrabieta dans le genre d'illustration où celui-ci a eu tant de succès. Qui ne se souvient de ces délicieuses compositions sur l'ouverture de la chasse, sur les vacances, sur les mois de l'année dont Edmond Morin illustrait vraiment le *Monde Illustré*? Comme Léonce Petit, comme l'infortuné André Gill et comme le charmant Olivier Métra, il ne fut pas décoré ! Enfin c'était un joyeux défilé de peintres ou de rapins jeunes ou vieux dont la plupart ne faisaient pas long feu sur l'échafaudage, le maître Olivier Pichat ayant, me dit-on, le renvoi facile. — « Mon vieux, me dit Merwart, colle-toi à ce landau, en attendant le patron qui ne veut pas qu'on fasse encore les figures. » Cependant que, tout en déplorant de n'avoir pas, sur moi, un catalogue illustré du carrossier Bender, j'entrevois et j'entends un monsieur à l'allure d'un demi-solde, engueuler mon voisin et confrère comme du poisson pourri :—« Ça un coupé de maître !... mais, mon pauvre garçon, c'est le fiacre du *Petit Faust* que vous m'avez f... là ! » Je n'attendis pas la réplique ni la sentence de renvoi, car aussitôt je quitte la plate-forme en me laissant glisser, en bas, le long d'un mât. Puis, après avoir vu le patron, car c'était bien lui, passer devant mon landau en haussant les épaules, je regagne ma place et, histoire de ne pas être venu pour rien, je m'amuse à mettre dans ce maudit landau des dames et sur le siège un gros cocher et un valet de pied, stupide symbole de la fortune insolente, puis, descendant, je vais pour déjeuner rejoindre mes camarades chez le bistro voisin. A notre retour un peu bruyant à l'atelier, nous apercevons le patron en contemplation devant mon landau ; nous ayant entendus rentrer, il se retourne pour s'informer : « Monsieur Merwart, qui a placé des figures dans le landau. » — « C'est un nouveau, Willette ! monsieur Pichat. » — « Ah très bien !... Monsieur Willette, c'est vous que je charge de faire toutes les femmes du Panorama ! », et je fus engagé à vingt francs par jour ! Me voilà tranquille et heureux jusqu'à la gauche !

L'atelier de ce panorama était établi sur l'emplacement de l'ancien hippodrome détruit, peu de temps avant la guerre, par un incendie. J'y avais été mené souvent étant enfant, et j'avais pu y admirer la grâce de Mme Saqui dansant sur la corde à l'âge de quatre-vingts ans, et les facéties culbutantes du clown Oriol. La piste de l'atelier étant précisément celle de l'ancien cirque, nous étions peut-être sous l'influence spirite de ses acteurs trépassés ; en effet le profane devait, en entrant, nous prendre pour une troupe de clowns feignant de peindre pour mieux corser la farce.

C'étaient des cordages sans cesse agités par des voltiges invraisemblables et puis des poursuites féroces du haut en bas des planches faisant tremplin, et des cris, et des refrains repris en chœur avec accompagnement de tambour et de clairon... nous n'avions pas de voisins, la place d'Eylau était encore un désert.

Tout en travaillant, tout le monde rigolait ferme, excepté le caissier surveillant, le père Duval, une manière de Pet-de-Loup; aussi recevait-il le plus souvent des éclaboussures de notre gaîté. Bien entendu, je n'étais pas son ami, et ne cherchant qu'à me rendre la monnaie de ma pièce, pour me chagriner, les jours de paye, il me donnait ma semaine en pièces de cinq francs tandis que mes confrères empochaient des louis d'or. Mais il ignorait, le paôvre, le plaisir qu'il me faisait, car, à la pièce d'or, j'ai toujours préféré la joyeuse pièce de cent sous... Ah ! les belles pièces blanches et fondantes comme les flocons de neige qu'en rentrant à mon atelier je jetais sous mon tapis, et combien amusante était, avec les camarades, la recherche des fugitives sous ce tapis non cloué !

Un beau matin, à mon arrivée, le père Duval m'appelle dans son bureau et m'invite à signer une feuille de présence. — « Vous devez venir le matin à huit heures, me dit-il, et ne sortir de l'atelier qu'à six heures. Vous avez une heure pour déjeuner. » — « Vous blaguez, père Duval ! Collé contre la toile, je ne ferais qu'une oreille dans ma journée, tandis que libre je vous abats des compagnies de caillettes ! » Il me répondit sévèrement — « Puisque vous vous conduisez en collégien, vous serez traité en collégien ! » Il n'eut pas plutôt dit que je signai. Oui, mais comme je possédais encore intact mon trousseau du Lycée, le lendemain matin, collégien depuis le képi jusqu'aux bas bleus et aux souliers, je fis une entrée triomphale à l'atelier.

Et alors la fête commença ! Toutes les vieilles gardes de l'empire accouraient pour figurer dans le panorama qui devait représenter, autour du Lac, toutes les célébrités parisiennes de la finance, des lettres, de la politique et de l'amour. Précisément la fameuse Cora Pearl s'amène : à peine lui suis-je présenté comme son peintre, que je lui saute au cou et l'embrasse furieusement ! La bonne dame, trop bien camouflée, pour être ainsi chahutée, s'effare d'abord, puis rit aux larmes de l'enthousiasme de celui qu'elle tient pour un collégien. Et j'en ai liché bien d'autres, de ces bergères, toujours avec pareil succès ! Puis c'était durant leurs visites, l'étonnement que manifestaient, en me voyant, les principaux actionnaires du Panorama — « Comment, Pichat, disait l'un d'eux, le baron Espeleta, vous employez des collégiens !... » Et comme je m'empressais de demander à ce gentilhomme réputé la première épée de Paris, la permission d'aller aux lieux... Pichat lui faisait signe que j'étais un peu dingo.

Enfin un beau jour, mon gracieux modèle me demandant, tandis qu'il peignait à côté de moi un canasson reluisant, quel était celui d'entre nous

que nous appelions le singe ? — « Madame, nous ne sommes tous pas très jolis, eh bien, c'est celui qui est le plus laid qui l'est... le singe. » Dès l'instant, ma tâche étant d'ailleurs presque terminée, je fus renvoyé à ma sèche nourrice la Vache Enragée.

Etre rejeté sur une hauteur n'a jamais été une défaite, surtout quand cette hauteur s'appelle : « La Butte Montmartre ! »... La Butte sacrée ! non parce qu'elle aurait été ainsi baptisée par un Bobêche cabaretier, mais parce qu'elle était, depuis le voisinage de Lutèce, le mont des Martyrs : martyrs de la foi, Saint Denis et ses compagnons Rustique, Eleuthère; martyr de la Patrie, le meunier Debray, fusillé par les Autrichiens en 1814 et dont les membres découpés tournèrent accrochés aux ailes de son moulin; martyrs de la discipline, les généraux Clément Thomas et Lecomte. Enfin nous autres, jeunes peintres et poètes, gîtés dans les buissons de cette Butte, n'étions-nous pas martyrisés par la Vache Enragée, plus cruelle que la déesse Kali? Cependant que surgissait à proximité la somptueuse avenue de Villiers, bâtie pour des peintres dont l'idéal était celui de ce pinteux, nouveau riche, qui, prenant sa boîte à pouce, disait — « Il fait un ciel de cinq cents francs !... je m'en vas faire une étude ! » « Les peintres de l'avenue de Villiers » ! Qu'est-il resté de leurs œuvres qui les avaient immédiatement mis à la mode et enrichis?...

Cette génération, sortie de l'école d'habileté pour la facture et le profit, a eu la chance d'être prête à entrer en scène, au lendemain de la guerre dont le monde des jouisseurs et des gens d'affaires se hâtaient d'oublier le cauchemar. « Les peintres de l'avenue de Villiers » ont dû aussi leur succès toujours *honnêtement* appuyé par l'odieux critique du *Figaro*. Albert Boche, au scandale du modernisme encore combattu et surtout à la femme qui, enfin libérée de la mode carnavalesque de l'Empire, apparaissait un être nouveau et radieux.

Léon Bloy cite une terrible devise qu'il découvrit sur un cadran solaire :

« Il est plus tard que tu ne crois ! »

Il en est de l'heure comme du modernisme : au moment où on observe ce dernier, il devient déjà du rococo !

La crinoline, infligée si cruellement à deux générations de femmes, était devenue bien odieuse pour en arriver à trouver ravissante la femme de 1881 à 1889 ! Cette infortunée, moins la fière coiffure en casque aux beaux reflets, et le luxe de ses dessous, était encore bien maltraitée par la mode. Jugez-en par l'espèce de berceau renversé en baleines ou en crin qu'elle s'appliquait, sur la croupe, faisant rêver à l'anatomie de la Vénus Hottentote et par sa robe qui semblait avoir été drapée par Belloir, le tapissier éternellement officiel.

Par compensation, la puritaine combinaison n'avait pas encore supplanté les jupons et le pantalon en dentelles et enrubanné, mais il fallait ce bonheur de la chaise manquée [1] ou du verglas, de la rue, ou du coûteux... cabinet particulier pour, durant sa chute, admirer la femme transformée en une fleur qui aurait un fouillis de pétales et d'où emergeraient deux pistils soyeux et noirs à extrémités pointues et vernies. Mais ce que nous n'entendons plus et ce qui était, pour nous, une si douce musique, c'est le frou-frou de cette lingerie bien digne de décorer l'autel de l'amour, par lequel la femme, tel le serpent à sonnettes, nous annonçait sa présence espérée !

On vivait alors paisiblement dans l'humble petit village encore intact qui surplombe le sommet de la Butte et qui ne s'attendait guère à voir surgir, du chantier entouré de palissades, la formidable forteresse que Mgr Richard, archevêque de Paris, devait consacrer en l'an 1898. Nous, les artistes, par la seule incrédulité pour le génie de l'architecte, nous blaguions déjà son œuvre en gestation quand nous chantions cette chanson due à la collaboration de René Ponsard et de Meusy :

---

[1] Gênée par l'encombrante tournure, la femme ne pouvait, alors, s'asseoir que sur le bord de la chaise.

LA PETITE FEMME DE WILLETTE

Nous avons deux cathédrales
L'une un monument
Dépassant le toit des Halles,
Bien modestement.
Mais l'autre Reine des reines
Est si près de l'Eternel
Qu'on fit ses tours souterraines
Pour ne pas crever le ciel !
  Sur la Butte
  En but
Des élus et des damnés
Les Séraphins étonnés
Disent en soufflant dans leurs flûtes :
O Sacré-Cœur de Jésus
Qui t'as donc f... là-dessus ?

Il fut sans doute répondu aux Séraphins étonnés que c'était l'Assemblée Nationale et M. Abadie, l'impardonnable architecte de ce tas de cailloux... destinés à mettre « sur le passage des roues !..., roue, rourou ! »

Aurait-on encore placé cette pyramide à Montsouris que nous n'adorerions pas avec moins de ferveur Jésus et son Cœur sacré dans Saint-Pierre situé sur la Butte et qui est la plus ancienne église de Paris, puisqu'elle a été édifiée sur l'emplacement d'un temple dédié à Bacchus dont deux colonnes se trouvent dans l'intérieur de cette église.

L'ÉGLISE SAINT-PIERRE

Chère et vénérable petite église ! Dire que c'est à Pierrot que tu dois d'exister encore, et avec quelle prospérité ! En effet cette église étant une gêne pour sa colossale voisine et étant devenue trop pauvre pour son très respecté curé qui rêvait de transporter la paroisse, en bas, place des Abbesses dans une nouvelle église construite en ciment armé, sa destruction allait être décidée, sous le prétexte fallacieux qu'elle ne tenait plus debout !

C'est en ayant vu descendre déjà les deux cloches baptisées en 1821, que j'eus vent de ce vandalisme prémédité et que je fis part de mon projet à mes amis de la Butte Paul Quinsac, Gaston Viardot, Eugène Bessin et Oscar Méténier, qui l'approuvèrent. Nous invitâmes donc notre conseiller municipal, le terrible socialiste, Eugène Fournière, à déjeuner, sans façon, chez notre bistro, le père Poncier, établi précisément en face l'église en danger. Il vint bonnement et, entre la poire et le livarot, je pris la parole : — « Voulez-vous, Fournière, faire une bonne blague au Sacré-Cœur ? » — « Et en quoi faisant ?... » me demanda le philosophe en me regardant avec méfiance. — « En décidant le Conseil à conserver « cette pauvre vieille église « qui gêne la Basilique en ce que son entrée « latérale est cachée par elle. Ne vous étonnez pas de nous voir atta-« chés à sa conservation, c'est parce que nous sommes des artistes que « nous prenons, à cœur, la cause du sentiment en ce moment, négligé « pour l'intérêt, quelque compréhensible soit-il. Cette église est la plus « ancienne de Paris, empêchez qu'on l'abatte, et si le culte n'en veut « plus, vous nous la confierez pour que nous la consacrions à « La Vache « Enragée » qui se trouvait, c'est certain, avec le bœuf et l'âne, dans « l'étable « de Bethléem ! »

Eugène Fournière se prit à rire, consentit et bientôt nous sûmes qu'il prenait la défense de l'église Saint-Pierre devant le Conseil municipal, et si chaudement qu'il gagna sa cause.

Les journaux libres-penseurs, n'y comprenant rien, pour sa récompense le blaguèrent en l'appelant « Notre-Dame de Fournière ! »

L'architecte M. Sauvageot fut chargé d'étudier les fondations qu'il reconnut être en si bon état que le Conseil, non seulement résolut de conserver, mais de restaurer complètement l'église et même de lui rendre son clocher !... J'ai remercié Eugène Fournière en lui donnant un dessin, celui que j'ai fait à propos de la mort du « Petit Pierre » l'enfant martyr, et il s'y trouve un ange !... Mais c'est certainement saint Pierre le patron de la paroisse montmartroise qui a dû exaucer son blanc filleul Pierrot !

Je dois ajouter que ce n'est ni le V∴ Wisigoth, alors maire de Montmartre, ni M. le chevalier Klodoch∴, Pierre Delcourt, trop occupé à laver la vaisselle de nuit chez Rodolphe Salis, qui ont sauvé l'église Saint-Pierre ainsi qu'ils s'en sont targués, après coup, à la Société du « Vieux Montmartre », laquelle possède, dans ses archives, ma protestation légitime.

La décision qu'avait prise le Conseil municipal au sujet de la conservation de son église aurait dû lui suggérer l'idée de classer la Butte tout entière, et cela eût été merveille pour le Parisien et l'étranger de voir cette verdoyante colline, semblable aux petites collines qui sont la gaîté des fonds de peinture primitives, dominer la Ville immensément pétrifiée.

C'est en effet pour son caractère encore champêtre que Montmartre a été choisi comme asile par tant de jeunes hommes renonçant au

LE VIN ROSE

monde par fière honnêteté et par amour de l'art ; Gérard de Nerval, dans *La Bohême Galante*, en a fait une description délicieuse ; les peintres Michel, Lépine, par les études qu'ils en ont faites, montrent quel paradis vient d'être perdu pour les Parisiens ! Berlioz, Renoir, Henner, Roybet, Gérôme, Puvis de Chavannes, Ziem, ont aussi habité Montmartre.

Un type, ce Ziem ! Par quel canal sa gondole est-elle venue s'arrêter sur le sommet de la Butte ?... Peut-être que n'ayant pu le recevoir, faute de place, dans sa maison, le docteur Blanche lui indiqua la rue de l'Orient comme étant la plus proche de sa maison d'aliénés, alors située à l'entrée de la rue de Norvins. Ziem interrompit brusquement le travail de maçons occupés à cette maison dont il prit possession, rue de l'Orient, et de leurs échafaudages, ne conserva que les mâts qui lui rappelaient, sans doute, ceux de Venise ! On ne pénétrait que difficilement chez lui ; ses fournisseurs n'avaient de contact, avec lui, que par un guichet donnant sur la rue, et il ne recevait, à l'intérieur de son atelier, amateurs ou marchands, que du haut d'un balcon. Un matin on vit descendre rue Lepic, poursuivi par un essaim de gamins enthousiastes « l'Homme au masque de fer ! »?... C'était Ziem qui s'était imprudemment affublé d'un casque du temps de Philippe-Auguste et, n'en ayant pu ouvrir la visière abaissée et rouillée, courait à la station prendre un fiacre, pour aller se faire délivrer par un armurier !... Dame Fortune fait quelquefois payer bien cher sa préférence injustifiée ! Ainsi de ce grand pingre qui aurait pu être un artiste, Henner qui a gagné des millions à faire sa vie durant, le même tableau et qui vivait comme un rat : « Mon bedit, che chuis opliché de sortir, tu refiientras marti prochain », dit-il à un pauvre petit modèle qu'il renvoya sans lui donner le prix de sa séance perdue. Et ce n'était qu'après une longue attente sur les marches de son escalier qu'il daignait recevoir, en audience, les ceusses qu'avaient du goût pour lui et sa peinture. Ah! dame, il était du Jury, comme l'est encore l'auteur des trois cent mille mousquetaires, malgré la fâcheuse histoire d'un faux tableau et d'un faux millionnaire médaillé à faux.

Et Gérôme pingre-sculpteur a son estatue! sa statue dans le Jardin de l'Infante où un autre peintre-sculpteur de ses parents l'a représenté en train de caresser un gladiateur qui n'a même pas l'excuse d'être en ciment armé! Il est vrai que l'horreur de cette scène d'intérieur, reproduite en plein air, est surpassée par la vue du monument du triste animal — Coligny, son scandaleux vis-à-vis.

Non vraiment, ce n'est pas de ces pingres millionnaires que Montmartre doit s'enorgueillir.

Le type du vieil artiste fidèle à la Butte, c'était le graveur aquafortiste Delâtre dont le fils continue si heureusement dans la même carrière, les traditions de la probité en art. C'était Desboutins, également aquafortiste et très lettré, ayant les allures d'un seigneur Renaissance. C'était enfin ce grand artiste, peintre et illustrateur Henri Pille : qu'est-ce qu'ils prenaient les imbéciles qui, trompés par son jargon champénoué et son humilité d'apparence si cocasse, devenaient imprudemment familiers !

Le Montmartre d'alors n'était pas le pays de la coca, des bars pour pédérastes et des restaurants de nuit ; non, le laisser-aller si bêtement crapuleux de l'habit noir n'existait pas encore, les honteuses frasques de celui-ci au bal de l'Opéra n'auraient même pas été tolérées au bal de l'Elysée Montmartre.

LES CABARETS

Sur la Butte, place du Tertre, on allait chez « la mère Catherine » marchande de vins et de tabac qui avait des jardins donnant sur

LE VIN ROUGE

LE CHAMPAGNE

la rue Saint Rustique, ou bien on entrait chez Ravenaz ou chez le père Poncier, également bistros-restaurateurs sur la place de l'Eglise. On disait également, en descendant la rapide rue des Saules le long du cimetière Saint-Vincent : « allons chez Sals » ! Ce Sals était, en même temps qu'employé à la mairie, le patron de ce petit restaurant très rustique appelé « AU LAPIN A GILL », à cause de son enseigne peinte à même sur le mur par le célèbre caricaturiste. On disait aussi : aller « aux Assassins » non à cause d'une clientèle, à tort présumée effrayante, mais parce qu'on y voyait de naïves peintures évoquant des crimes célèbres, entre autres celui de Troppmann, à présent un des joyaux de la fameuse galerie de Courteline qui, bien avant les modernes critiques d'art, a su découvrir le génie des peintres douaniers. Sals était le seul restaurateur du pays qui recevait des clients la nuit, mais il fallait le réveiller et, pour être admis, décliner ses noms : alors il faisait lever Mme Sals, véritable cordon bleu qui, tout en maugréant, se mettait à son fourneau.

LES CAFÉS

Rue Lepic, le Café Blanc ou du Commerce, rendez-vous des joueurs de piquet et d'écarté, rue des Martyrs, la Brasserie « des deux R...! » (oui, cocher !) à cause des deux globes de gaz placés de chaque côté de la porte. A l'intérieur de cette brasserie dont le patron, futur propriétaire du Restaurant des Comptes-Bleus, était un nommé Morveux, tout le pourtour des murs était tapissé de petits panneaux d'égale dimension peints par de véritables artistes, bénévoles clients de la maison.

Descendant la rue des Martyrs, sur la place Pigalle, on apercevait le Café du « Rat Mort » ainsi nommé parce que le jour de l'ouverture on trouva un rat crevé dans la pompe à bière.

Les salles étaient décorées d'assez grands panneaux peints représentant la vie légère et la mort édifiante du rat. Ils portaient la signature d'un artiste sculpteur en camées connu par sa force herculéenne, Davaux, mais, à la vérité, ils étaient d'un jeune Montmartrois d'avenir, Faverot, peintre de clowns. Mais la clientèle féminine de ce café était plutôt de ces mœurs qui nuisent à la repopulation, et la coutume était de dire pour désigner une lesbienne — « C'est un rat mort ! » La plus effrénée de ces pauvres inassouvies, prétendant à la dignité masculine, n'avait pu arriver qu'à la parfaite ressemblance de l'horrible critique d'art du *Figaro*, aussi l'appelait-on Albertine Wolf !... Le vice de cette belle Hélène était, alors à Montmartre le seul connu et le seul toléré par les artistes et les poètes, hellénistes érudits ; mais sa contre-partie, qui est le vice des pays de neige, ne devait faire son apparition qu'avec les actuels bars et restaurants de nuit aux enseignes étrangères.

Tout à côté du Rat Mort se trouvait un autre café, celui-ci célèbre, « La Nouvelle Athènes » devenu, aujourd'hui Bar à la mode, qui veut qu'on écrive Pigalle... Pigal's !... Ce café était décoré d'un très joli plafond d'un peintre montmartrois du nom de Petit. Petit, très habile peintre de fleurs, était ridiculement petit, mais c'était un charmant artiste et très jovial. Il avait donné quelques leçons d'aquarelle à l'Impératrice Eugénie, mais il avait eu le malheur de prendre au sérieux son rôle de professeur. S'étant permis de dire à son auguste élève — « Mais c'est des fleurs en zinc que votre Majesté a peintes ! » le trop honnête professeur fut congédié sur l'ordre de la manola, qui était aussi imbécile qu'elle était jolie.

C'était le matin, à l'apéritif de onze heures que, dans ce café, se réunissaient, de préférence, les artistes, les écrivains, les journaleux du pays montmartrois : Gueldry, le peintre de la Grenouillère et des canotiers, l'aquafortiste Henri

L'EAU

LA BIÈRE

Somm, causeur délicieux, Achille Melandri, photographe et romancier, le beau Michel de l'Hay, le déjà affreux Mermeix, Henri Pille, la comtesse Popo, Hoschedé qui s'était ruiné, disait-on plaisamment, à faire chauffer des trains spéciaux pour promener son ami trop admiré le peintre Gérôme, Jean Louis Forain, qui ne pensait alors qu'à rivaliser Grévin ! le paysagiste Véron, le peintre Merwart qui devait disparaître dans l'éruption du mont Pelé, l'insupportable Tanzi, le peintre biterrois des mares et des étangs, engueulant, d'une voix enrouée, Pierre, Paul, Jacques, le miniaturiste Defeuille, le joyeux moderniste Gœneutte, les peintres Tholer, Faverot, les portraitistes Paul Quinsac, Antonio de la Gandara, tous deux mes anciens camarades de l'Ecole, le vieux peintre Benedict Masson [1] : un jour, outré des brocards que jetait à celui-ci l'insupportable Tanzi, je rappelai que j'avais admiré, au Musée de Dijon, un tableau de lui représentant la bataille de Trasimène. Alors la joie du vieux peintre fut à son comble — « Il a vu mon tableau !... » dit-il en tremblant d'émotion et en me tendant les deux mains. Il faut compter aussi Bénassit, peintre militaire et illustrateur, dont les mots prononcés avec un comique accent britannique étaient colportés comme ceux de Forain et d'Aurélien Scholl.

Le graveur Desboutins y venait aussi le plus souvent accompagné de son fils Mycho, alors un petit gamin que je vois encore avec sa noire tignasse qui transperçait son chapeau de paille. Tout à coup on entendait un cri de femme déchirant ?... C'était Mycho qui trompé, sans doute, par l'obscurité des dessous des tables et des robes où il se faufilait, croyait tirer le crin des banquettes !...

Le père Desboutins, qui avait longtemps vécu à Venise, aimait à parler italien. Un jour, nous

---

[1] Benedict Masson, l'auteur des fresques inachevées qui décorent le pourtour de la Cour d'honneur de l'Hôtel des Invalides.

racontait le père Pille et, avec son parlé champénoué, c'était plus comique à entendre qu'à lire, le père Desboutins entre au café à ce moment bondé avec ses enfants, et pense à se mettre à une table occupée par un unique consommateur plongé dans la lecture de son journal. Le petit Mycho s'est déjà emparé de la pipe que le lecteur a posé sur la table et s'amuse à cracher dedans ! Le père Desboutins s'en aperçoit et ordonne sévèrement : « Mycho, lasciate la pipa del signor ! » — « Merda ! » répond Mycho en plaquant la bouffarde.

Parmi ces clients assidus de « la Nouvelle Athènes » j'allais oublier, hélas, comme j'en ai oublié tant d'autres, le peintre Goupil qui peignait des têtes de femmes, mais toujours de profil ! Ce vieil artiste avait l'alcoolisme très comique. Souvent, à la première heure, décidé à faire une étude à la campagne, il descendait de la Butte, chargé du harnachement complet du paysagiste et coiffé d'une étrange casquette de trappeur de l'Arkansas, mais arrivé à la place Pigalle, il s'arrêtait naturellement à la Nouvelle Athènes. Une fois, son grand parasol, placé en travers du sac, l'empêchant, malgré ses efforts obstinés, d'en franchir la porte, Grégoire, l'hilarant garçon, accourut l'aider en le mettant simplement de profil : — « Merci, dit le bon soulaud, mais quel courant d'air !... il m'empêchait d'avancer ! »

C'est en cet accoutrement que, Melandri et moi, nous le vîmes, avec une inquiétude bientôt justifiée, haranguer les manifestants lors de l'enterrement du général Eudes au Père-Lachaise, et nous eûmes le plus grand mal à le retirer des mains de ce bon peuple qui le prenait pour un farceur sacrilège.

Un autre jour, le père Goupil n'était pas rentré depuis trois ou quatre jours au domicile conjugal, car il était marié à une grande et robuste Flamande. Du seuil d'un bureau de tabac du boulevard de Clichy, tout en bourrant sa pipe, il regardait passer un enterre-

LE PETIT BLEU

ment, et ayant reconnu, dans le cortège funèbre, quelques-uns de ses amis et confrères, il pensa, le défunt étant sans doute un copain, devoir prendre rang dans le cortège : « Qui donc a crapsé ? » s'informa-t-il. Etonnement et recul de ses voisins. — « Mais c'est ta femme, malheureux ! »

A côté du « Rat Mort » était situé l'Hôtel de M. Roybet qui devait devenir plus tard l'Abbaye de Thélème. On ne dépassait la place Pigalle que pour aller sur le boulevard de Clichy soit au Café de l'Ermitage, soit au Cirque Fernando, et sur le boulevard Rochechouart au bal de l'Elysée Montmartre.

La place Pigalle était alors le centre du mouvement de la vie montmartroise. Pourtant, à deux pas, au coin de la rue de Lallier et de l'avenue Trudaine, se trouvait le coin artistique le plus typique de Montmartre à l'enseigne de « La Grande Pinte »; en y pénétrant on avait la sensation d'être dans un salon : de jolies tables et chaises de bois, les banquettes en velours d'Utrecht, tout le tour de la salle était orné de panneaux de format petit, mais égal, dus aux pinceaux des meilleurs artistes, aucun bruit autre que celui d'une paisible conversation. La façade, y compris la porte, était décorée de vitraux composés d'après l'histoire de Panurge par Henri Pille et exécutés par le verrier Poncin. Le patron, un gros homme, à la repartie amusante, du nom de Laplace, était Lyonnais et je ne sais pourquoi, peut-être à cause de sa passion du jeu, et peut-être aussi à cause de la rivalité du « Cabaret du Chat Noir » fondé sur le modèle de cette aimable brasserie, il fit de mauvaises affaires et devint brocanteur le long d'un mur du boulevard de Clichy.

Un type aussi, ce cabaretier ! Prenant alors possession d'un modeste logement, il dit au concierge — « Voici cent sous pour ne jamais me dire ni bonjour ni bonsoir. De mes lettres vous vous torcherez... la figure et si on vous demande des renseignements sur moi, vous direz que je suis un P. D. et un voleur ! » A sa sœur, fidèle compagne de sa fortune et de sa misère, avant de rendre le dernier soupir — « Ne t'en fais pas ! et surtout ne te « dérange pas... je me charge de puer suffisamment pour qu'on soit obligé « de m'enlever d'office ! »

La boutique voisine de « La Grande Pinte » était tenue par un ancien acteur, Mousseau, qui y vendait des huîtres avant de la transformer en brasserie à l'enseigne du « Clou ». Il devait une célébrité éphémère au rôle de Mesbotte qu'il avait rempli lors de la première de l'*Assommoir*.

En remontant le boulevard de Clichy vers la place Moncey ou Clichy, on ne s'arrêtait place Blanche que pour entrer, de temps à autre, chez Coquet, café-restaurant fréquenté par des gens sérieux, tels des architectes et entrepreneurs amateurs de billard, tel l'imprimeur Poupart-Davyl, méchant comme une teigne, tel le trop fameux Duhamel, secrétaire de l'austère président Grévy et propriétaire d'une maison de la rue Taitbout !

Sur la place même était le café de la place Blanche, la journée, morne comme un café de province, mais la nuit, clandestinement ouvert aux passionnés du baccara.

Quand on était riche on allait déjeuner ou dîner chez le père Boivin, avenue de Clichy... Ah ! la savoureuse cuisine et quels bons vins d'Anjou !... mais hélas, c'était bien trop rarement !

Quant au bal de la Reine Blanche qui devait faire place au Moulin Rouge, aucun artiste ne le fréquentait non plus que celui de La Boule Noire, situé sur le boulevard de Clichy, où se trouve actuellement le concert de la Cigale.

Telle était la région qui était, d'après le Boulevard, le ghetto de ces hommes dont la majorité, par leur talent et leur éducation, auraient pu réussir dans le monde qui, pour se venger de leur dédain, les appelait des ratés !

Qu'avaient-ils donc raté ces artistes le plus souvent timides et mis, dès leurs débuts, « hors concours », par les brillantes médiocrités mondaines ou officielles ?... la protection du monde qui dit d'un Féraudy ou d'un Paulus, un « artiste » ainsi que de Corot ?... ou bien serait-ce la fréquentation des salons, véritables coulisses de comédies d'amours pitoyables ou de politique malpropre et criminelle ?... [1] Ce qu'ils ont raté, les pauvres, c'est la vie honteuse de l'artiste qui a vendu son indépendance ! N'avaient-ils pas le juste pressentiment, en voyant la fortune si rapide de leurs voisins et confrères de l'avenue de Villiers, que l'art couvé par le monde est flétri, dès son éclosion, et que son succès est de peu durée?

Mais ces ratés étaient des piliers de brasserie ! Permettez, n'y a-t-il pas aussi les piliers de cercles ?... des cercles d'où il n'est jamais rien sorti que des décavés bons à tout faire !... Tandis que vous n'allez pas tarder à savoir ce qui est sorti de ce petit cabaret du « Chat Noir », celui du 84 du boulevard Rochechouart et où les cartes étaient inconnues.

LES RATÉS

Oui, Forain, à Montmartre, nous étions des « purées » mais nous n'étions pas des « ma..... », ainsi que vous l'auriez dit, dans la croyance absurde que nous vous reprochions votre légitime succès ! Notre purée était honnête, et vous ne l'ignorez pas, l'honnêteté est aussi nécessaire que le dessin pour la probité de l'Art.

Il est vrai que notre jeunesse ayant été plutôt sédentaire par éducation et sévèrement attristée par le souci du devoir de la Revanche dont nous avaient chargés nos joyeux aînés responsables de la défaite, il a été, pour ainsi dire, tout naturel, de nous voir glisser des bancs du Lycée et de l'Ecole sur ceux du Cabaret. D'ailleurs les sports n'étaient encore guère en faveur, hormis celui du canotage, mais qui n'était pas à la portée de toutes les bourses, n'est-ce pas Gueldry? J'avais bien commencé à faire de la boxe, mais les coups, que je ne parais pas parce que distrait, me faisaient plus de mal à la tête qu'un verre de vin blanc ! Quant à l'escrime, ce fut dans un assaut désordonné que le fleuret de mon ami Raymond d'Abzac (une fine lame), se cassant sur ma poitrine me déchira la peau du cou... tout auprès de la carotide ! Et puis ce cœur rouge posé sur un plastron, comme sur un coussin de première classe qu'il fallait atteindre avec du fer !... moi, dont toute l'ambition était de toucher le cœur par mon crayon ! Pour le vélocipède ?... vu la hauteur vertigineuse de sa roue directrice je préférais le voir dans les images où d'intrépides cocottes montraient leurs mollets.

(1) Comme exemple l'histoire de Bolo.

Restaient les bains à quatr'sous, ça, ça rentrait dans mes goûts et dans mes moyens. Puis il y avait le « foutingue » car, en cela heureusement, les moyens susdits nous interdisaient le transport par véhicule au travers la Ville bien-aimée que nous parcourions en tous sens..., surtout la nuit, en reconduisant des copains chez eux.

Je vivais donc avec les ratés, et je ne le regrette pas. Comme, étant alors dans une situation angoissante, je l'écrivis à M. Briand, ministre de la Justice — « Heureusement que j'ai vécu avec d'admirables résignés... sans quoi... » Sans quoi?... Ben, au lieu d'écrire mes souvenirs, j'écrirais « mes prisons » ! Car j'aime à croire que je n'aurais pas été guillotiné.

PRESSENTIMENT !

Un soir, en sortant de la Grande Pinte, des camarades que je rencontrai m'engagèrent à les accompagner au « Chat Noir » pour assister à l'ouverture de ce nouveau cabaret fondé, par un peintre (ah c'ti là exactement raté) ! 84, boulevard Rochechouart. Je les suivis mais je ne pénétrai pas dans le cabaret dont je me contentai de regarder, du trottoir, par la porte et la baie ouvertes, l'intérieur où le roux cabaretier revêtu d'un costume blanc, ceint d'un tablier blanc et coiffé de la coiffe traditionnelle du cuisinier, recevait et aidait à servir ses nombreux clients pour cette fois régalés. Et, malgré les instances de mes camarades, je refusai d'entrer, et je repris seul le chemin de la rue Véron, en songeant, avec mélancolie, à l'Ecole des Beaux-Arts et à la conduite si fâcheuse qui avait été celle de Rodolphe Salis, le nouveau cabaretier, soit à l'Ecole soit au Quartier Latin.

J'avais bientôt oublié mon ex-condisciple et son cabaret. Ma toile, représentant une femme en corset de satin blanc, avec sur l'épaule, un chat noir faisant le gros dos, venait d'être refusée au Salon de 1882, l'année même où j'en suis de ces souvenirs ; non découragé par cet insuccès, je m'étais mis à l'esquisse d'un autre tableau qui n'aurait pas manqué de subir le même sort, bien qu'il fut d'un caractère très différent.

LA COMMUNE

Depuis que j'étais sorti de mon cher milieu familial, j'avais appris, par des témoins dignes de foi, bien des choses que j'ignorais, ainsi de celles qui avaient rapport à la Commune et surtout à la répression qui suivit cette insurrection. La lecture de ce livre terrifiant de Camille Pelletan, *La Semaine Sanglante*, avait achevé d'exalter le sentiment de réprobation que j'éprouvai pour l'exagération du châtiment.

Ayant vécu en province pendant la guerre, je me souvenais l'avoir entendue maugréer contre les Parisiens dont la résistance aussi héroïque qu'inattendue retardait la paix souhaitée, et que ce mécontentement se changea en fureur quand la noble Ville sacrifiée s'insurgea contre un gouvernement ingrat qui refusait, pour soulager ses misères, de proroger l'échéance des termes et celles des effets de commerce! A son retour de captivité, l'héroïque armée professionnelle, humiliée par la défaite, ignorait que ces Parisiens, qu'elle tenait pour des chienlits militaires, avaient été, pour l'ennemi commun, à Buzenval, au Bourget, à Champigny, de rudes adversaires, et, la Ville conquise, passa au fil de l'épée, fédérés ou non fédérés, femmes et enfants, suivant les ordres cruels de leurs chefs. Le plus maudit de ceux-ci est le général, marquis de Galliffet : jusqu'à sa mort, bien que ses crimes fussent oubliés et que, par politique... (Ah! la politique!...) il fût amnistié par ceux-là mêmes qui ne devaient pas oublier, les radicocos et les saucissialistes, j'ai cru devoir le stigmatiser du meilleur de mes crayons...

Le succès du tableau si honteusement plat de feu Detaille représentant un épisode de la guerre de 70, celui du salut aux blessés, ou aux prisonniers boches, par le contraste navrant de cette générosité déplacée avec la barbarie avec laquelle on traînait les malheureux Parisiens et Parisiennes à Versailles, souleva mon indignation et m'inspira l'idée de peindre une femme fusillée par les Versaillais [1]. Cette toile, restée à l'état d'esquisse très poussée, avait été mise, par moi, en gage d'un prêt minime ; j'ai eu la joie d'en reprendre possession au bout de trente ans !

Cependant, dix ans après la Commune, avec le souvenir de son attentat avorté et sa pénitence imposée, Montmartre n'était plus qu'un volcan déclassé, et déjà son cratère commençait à se remplir d'un tas de cailloux... iou... iou... iou ! Alors les ceusses qui en firent leur séjour, furent considérés, par le Paris des deux rives, comme sont considérés, par les paysans, les Bohémiens ! Dans cette répulsion de Paris pour Montmartre, il y avait, en effet encore de la rancune, et beaucoup de l'esprit de province qui dominait une partie de cette ville.

PARIS-BAS

Paris était composé de deux villes bien distinctes : la Rive gauche et la Rive droite. La Rive gauche était surtout habitée par des provinciaux, la choisissant de préférence, parce qu'ils savaient y retrouver, auprès de compatriotes déjà installés mais jamais assimilés, leurs manières de faire et de penser. C'est sur la Rive gauche que se trouvent encore le Quartier des Ecoles, le Tribunal de Commerce, le Palais des Toqués, celui des singes et enfin, dernière mazarinade, l'Institut, paradis des vieux bons élèves !

Dans cette répulsion de Paris pour Montmartre il y avait aussi l'esprit étranger qui commençait à conquérir l'autre partie de Paris, la Rive droite qui a, pour cathédrale, la Bourse ! Déjà les étrangers avaient pris le haut de l'asphalte du glorieux Boulevard et y faisaient la loi, en affaires, en littérature et en art ! Et comme Paris était encore la Ville nécessaire pour la consécration, ils forcèrent à l'admiration de leurs écrivains et de leurs artistes nationaux. Et pourquoi se seraient-ils gênés ? Quand ils voyaient avec quel empressement le Parisien si sceptique, si distant pour l'artiste français, se jeter aux genoux de tous ces saints de glace, Ibsen, Ibsa, Ibsud !

Ceci établi, les deux Rives, l'une détestant l'esprit parisien qu'elle confond avec la galéjade, l'autre conspuant l'esprit français, par snobisme, entendirent, un beau jour, des chœurs s'élever sur le haut de Montmartre et, regardant vers cette petite colline oubliée, apprirent avec autant d'inquiétude que de colère que, non des vieux, mais des jeunes y entretenaient,

[1] Le cartouche de ce tableau devait porter cet extrait de la chanson *La Communarde*, de Raoul Ponchon :
« C'était au temps des Versaillais
C'est elle-même qui commandait l'feu
Elle est tombée la gueule ouverte
A Montmerte ! »

comme à Rome, les vestales, le feu sacré de la Patrie!... (1) Et c'est ce feu qui a, comme une étoile, scintillé plus de vingt ans au-dessus de Paris asservi à l'étranger... à l'ennemi!

Et sans autre intérêt que celui d'activer et conserver ce feu sacré, ces jeunes hommes y ont jeté le meilleur de leurs vingt ans, tout en souffrant la misère, la folie ou la mort anonyme auxquelles les condamnait votre stupidité, ô Parisiens « fin de siècle » encensés par le Pétomane !

Attirés par le chahut d'un moulin dont les ailes tournaient dans une lueur d'enfer, vous êtes montés à Montmartre, bientôt, pour vous transformé en Foire de Neuilly. Vous avez voulu, alors, voir, comme les fauves de Bostock, des poètes, des peintres et leurs grisettes, et on vous a montré les hommes-pastiches des vaillants défunts et de ceux qui s'étaient enfuis de honte! Vous avez cru voir le derrière de Mimi Pinson dans une auréole de dentelles, elle qui ne vous eût point montré le bout de son nez, et ce derrière était celui de la Mouquette!

On vous a montré de la peinture, et celle-ci vous a plu, car elle est carrée comme la tête de votre si bon ami Choucroutmann ! Allez, allez, vous pouvez crever, et sans plus tarder, comme vous disait ce génial chansonnier qui vous sachant aspirants esclaves, vous servait le bock avec l'injure... ce qui d'ailleurs fit sa fortune !

Cependant quelqu'un qu'on ne vous a pas montré parce qu'il s'était, à temps, effacé dans l'ombre d'une forêt (2), voyait votre bêtise dépasser celle de nos joyeux anciens de l'Empire, et c'est parce qu'il la prévoyait devoir être aussi fatale que la leur, que sa face était pâle comme celle d'un pierrot, d'un pierrot qui ne reçoit pas de coups de pied au derrière, mais qui en donne.

Aujourd'hui, à cette heure terrible, voyez ou revoyez son œuvre, et vous verrez s'il n'a pas été, lui, le rigolo, le pornographe, de ceux qui ont prévu !

Un soldat, de moi inconnu, mais artiste, m'a écrit du front :
— « Allez! allez, grand-père Pierrot, il y a du bon ! On vous le rendra, « le Montmartre de vos vingt ans! »

Et je lui ai répondu — « Si vous me rendez, ô mon frère soldat, le Montmartre de mes vingt ans, c'est la France que vous nous rendrez ! »

ARRIVÉE DE SATANAS

Je portais alors un costume d'intérieur qui faisait la joie des camarades et l'étonnement du visiteur imprévu : ce costume consistait en un grand diable de bonnet de police de l'époque du Siège d'Anvers et en une

(1) Avant même la Ligue fondée par le vénéré Paul Déroulède.
(2) La forêt de l'Isle-Adam

— 117 —

capote d'infanterie sur laquelle était épinglée l'obscure médaille de Sainte-Hélène ! (1)
Et je chante à tue-tête :

« Il te faut, pour armes de guerre,
La lance, le mousqueton (*bis*).
Il te faut une moustache
Qui fasse peur même à l'enfer !... »

Mais cette terrible moustache, si nécessaire, alors, même dans le civil, tarde à venir !

Me voici donc en train de vaquer dans mon atelier où je couche quand, tout à coup, j'entends des rires et des bousculades dans mon escalier, et bientôt frapper à ma porte que je vais ouvrir la pipe au bec. C'est Rodolphe Salis qui a eu la bonne idée de se faire accompagner par mes camarades et confrères Tiret-Bognet, Tanzi et par un jeune homme qu'il me présente — « Victor Rey, le sympathique secrétaire de *notre* journal *Le Chat Noir* ! » Sympathique, il me l'est déjà instinctivement.

(Dans mon impatience de dire, à ceux qui nous ont traités de déclassés, de bohèmes, ce qu'est devenu, à cette heure, mon ami Victor Rey, je prie le lecteur de m'excuser si, pour un instant, du présent je passe au futur, qui est précisément le présent. Après avoir installé le journal *Le Chat Noir* qui n'avait d'abord été, dans l'esprit de Salis, son fondateur, qu'un prospectus, sans longue durée, de son cabaret, Victor Rey nous quitta au bout de deux ans et nous le perdîmes de vue.

C'est en 1910 qu'un jeune homme vint se présenter à moi, de la part de son père, mon vieux camarade Victor Rey. Son père, après avoir été Gouverneur de Tahiti et ensuite de la Guyane cultivait, en Dordogne, son champ comme un vrai Cincinnatus.

(1) Celle de mon grand-père maternel, capitaine Junck, aide de camp du général Molitor, blessé à Waterloo.

LE VIEUX CHAT NOIR

Son fils Robert, doux et fin poète, était attaché au Musée de Cluny, dont l'administrateur est le poète Edmond Haraucourt, encore un vieux Chat Noir c'ti là. En 1914, dès le début de la guerre, Victor Rey s'engagea avec son fils Robert et tous deux, simples canonniers, servent la même pièce ! Qu'il était beau, lors d'une permission après une magnifique citation, le premier secrétaire du *Chat Noir*, mon aîné de quatre ans, avec sa grande barbe blanche et son costume de simple soldat où brillait la rosette d'officier consacrée militairement !...) Et d'un !

Mais je reviens à l'atelier, et je retrouve Rodolphe Salis : « Eh bien ! mon vieux camarade, tu ne veux donc pas venir nous voir ? Les camarades sont chez eux chez moi et ils te réclament... Tiens, mais tu as fait un chat noir !... mais il est épatant ton tableau, et c'est ça que ces veaux t'ont refusé ! Ben, mon vieux, faut qu'on le voie, laisse-nous l'emporter, je le mettrai à la plus belle place de mon cabaret. » Je consens et je suis, avec mes amis, le diabolique camarade cabaretier, au Chat Noir, que je ne devais quitter que l'année de sa translation du 84 du boulevard Rochechouart, à la rue Victor-Massé, dans un hôtel particulier.

On accrocha donc *La Paire d'Amis* en belle place, et comme la blonde femme et le chat noir se détachaient sur un fond or, cela faisait d'autant plus d'effet, qu'elle se voyait du boulevard. Et Salis, très joyeux, après nous avoir payé une tournée, me montra ce qui avait paru du journal *Le Chat Noir* pour lequel l'avisé Victor Rey avait obtenu, du maître Henri Pille, le délicieux en-tête ci-après. Je trouvais, à part quelques dessins très étudiés de Tiret-Bognet, l'illustration de ce journal plutôt médiocre, surtout quand elle était commise par Salis, lui-même, ancien dessinateur au *Citoyen*, rouge journal mort-né. Ses informes dessins qui seraient, certainement pour cette raison, à l'époque actuelle, aussi appréciés des imbéciles, que le sont ceux de MM. Bour et Bour et Ratatam, et tous autres empapahoutés, n'avaient trait qu'à la politique. Toutefois le texte du journal et sa présentation me ravissaient — « Hein, mon vieux camarade, me dit le cabaretier Satanas, tu nous feras bien de temps en temps quelques petits dessins ?... »

DISCOURS A M. MAURICE DONNAY

J'imagine, Monsieur, qu'après les trente années qui ont suivi l'époque de votre libération, après deux ans de « sabbat quotidien » dans le cénacle chanoiresque que l'érudit M. Paul Bourget qualifie de «pandémonium »[1], dans lequel vous vous amusâtes à dépenser votre « prestigieux esprit... à faire des ricochets sur l'eau avec des pièces d'or », vous ne désapprouverez pas Adolphe (Adolphe, c'est moi aussi) de se mirer dans l'Océan des âges et de citer cette phrase que vous écrivîtes dans une publication de la Maison Juven. — « *On me disait — Ah ! si vous aviez vu le vieux Chat Noir !... » comme on dit — Ah ! si vous aviez vu Rachel !...* »

Las ! jeune poète, on vous dit — Ah si vous aviez vu le vieux Chat Noir !... et aussitôt vous pensez à celui de Rachel !... oh, pardon, à celui de la mère Michel !... petit passionné, vous sentez encore le collège !

Allons, remettez-vous et rappelez-vous que la fondation du vieux Chat Noir date de 1882, que sa translation rue Victor-Massé ayant eu lieu en 1885, c'est en 1889 que vous apparûtes dans ce cabaret alors devenu un véritable pandémonium, comme a dit le fauteuil qui n'est pas Voltaire. « Le vieux Chat Noir » n'est donc pas contemporain de Rachel, décédée en 1858, un an après ma naissance et huit ou dix ans avant la vôtre, à moins que je ne me trompe. Je crois donc que vous êtes assez malvenu de traiter le Chat Noir n° 1 de vieille lune, d'autant qu'il a continué à vivre et plus longtemps que le Music Hall du même nom, sous la forme du journal *Le Courrier Français*.

[1] Comme M. Paul Bourget, j'ai cherché et trouvé dans le Dictionnaire qui n'est pas celui auquel il consacre son dernier souffle : « *Pandémonium* (gr. πᾶν, tout ; δαίμων, démon) capitale des enfers || Fig., on dit d'un lieu où règnent tous les genres de corruption et de désordre, et d'une réunion de gens qui ne s'assemblent que pour méditer le mal, c'est un *Pandémonium*. » On n'est pas plus gracieux !

... Vous n'êtes pas pressé?... Mais quelle question, puisque vous êtes immortel ! Ainsi, heureux immortel, vous avez tout loisir de mirer le raccourci de votre éternelle jeunesse dans « l'étang de midi à quatorze heures, et vous n'êtes plus dans une atmosphère corrosive de persiflage... » Ah Dieu ! non ! vous êtes maintenant, Monsieur, en bonne et noble compagnie et indulgente... oh combien !... Mais j'y pense — « Donnay-vous [1] donc la peine de vous asseoir ! »

Alors je vais vous dire eune bonne chose, ô vous qui avez failli être mon poteau ! On me demande souvent — Avez-vous vu Maurice Donnay? comme on me dit — As-tu vu la lune ? — Ma foi non, que je réponds, oncques ne l'ai vu de ma vie ; il n'était pas du Vieux Chat Noir, mais j'ai eu l'honneur et le plaisir de correspondre avec lui.

Tout en respectant le sentiment de reconnaissance que vous croyez devoir à Salis baptisé par moi « l'Ane Rouge », parce que méchant et menteur, je vous tenais rigueur d'avoir, après la mort de cet homme, roux et célèbre par son ingratitude, fait son oraison funèbre dans laquelle vous vous êtes étonné que sa fortune lui fût reprochée. Tenez pour certain que si Rodolphe Salis a pu vous produire si heureusement, c'est que des poètes et des artistes dont le talent était déjà éprouvé avant qu'il eût fondé son cabaret dans une humble boutique du boulevard extérieur. avaient, eux-mêmes, produit ce félin et obscur gaudissart.

Ces poètes et ces artistes étaient Victor Rey, Edmond Deschaumes, Clément Privé, Emile Goudeau, le beau poète des *Plaintes à la lumière* et des *Belles Affranchies*, Crésy, Léon Bloy, Maurice Rollinat, Jean Rameau, d'Esparbès, Torquet, Hector France, Camille de Sainte-Croix, Jules de Marthold, René Asse, Raymond d'Abzac, Alphonse Allais, Paul Marrot, Paul Roinard, Marsolleau, Riotor, George Auriol, Jean Moréas, Félix Decori, Jules Jouy, le capitaine Ogier d'Ivry, Maurice Montégut, Edmond Haraucourt, Carlier, Vidal, Bourbier, Henri Pille, Henri Rivière, Tiret-Bognet, Adolphe Willette, Henry Somm, Signac, De Sta, Caran d'Ache, Antonio de la Gandara, Steinlen. Si jamais votre collègue Paul Bourget en rencontre sur « son chemin de Dumas » qu'il ne leur dise pas — « Comment vas-tuyau d'pompe?... ou bien encore — « ormoire à glace !... » il ne serait pas plus compris que son œuvre.

Rude avait été la lutte, mais le fruit de la victoire n'a pas été pour ces lutteurs, et c'est à vous, Monsieur, que les *gens sérieux* se sont rendus !

Vous êtes venu au moment où Salis ayant découragé l'enthousiasme désintéressé, ne pouvait désormais plus compter, à l'Hôtel de la rue Victor-Massé, que sur une collaboration régulièrement rétribuée. Vous avez vu, et sans doute y avez pris place, la table mise pour les collaborateurs et peut-être avez-vous pu surprendre l'instant où ils touchaient leur cachet !...

(1) Triste jeu de mot ramassé sur le chemin de Dumas.

Il n'en était pas ainsi au Vieux Chat Noir, et, pour ma part, je puis assurer que non seulement je donnais mes dessins pour une poignée... non, pas même de sous... mais de main, et que je payais exactement les consommations que je m'offrais et celles des disparus que me passait le garçon Picard, ainsi qu'il le faisait à toute bonne poire [1]. Seul Emile Goudeau, notre rédacteur en chef, avait droit à la consommation et au paquet de tabac !

Je vous en voulais donc, sans vous connaître personnellement, d'avoir, au détriment d'une génération exploitée et spoliée par Salis, contribué à affirmer sa réputation légendaire de Mécène !

Cependant, pour faire plaisir à notre ami Lucien Descaves, je vous fis, Monsieur, gentiment des avances, et je dois reconnaître que vous les reçûtes le plus galamment du monde. Peu de temps après, l'an dernier, l'éditeur Pierre Lafitte me fit demander, pour sa publication *Je Sais Tout*, deux dessins devant orner un conte de Noël, écrit par vous, et que je m'empressai d'exécuter avec le plus grand plaisir. Or, ma déception fut grande de ne voir paraître qu'un seul dessin et d'apprendre, de l'éditeur, que l'autre avait été refusé par vous ! Ce dessin était un cul-de-lampe représentant un petit garçon, en chemise de nuit, priant à genoux, les *moignons* joints, devant la cheminée où était placé son petit sabot.

Je ne veux pas savoir si vous êtes de ceux qui, de parti-pris, font la conspiration du silence sur les crimes commis par les Allemands, mais cette mortification que vous m'avez fait infliger, à la veille de ma soixantième année, m'a fait sourire diaboliquement, car elle venait de me rendre une liberté regrettée !... ma liberté de critique et d'historien, pas moinsse !

Comme vous êtes tous immortels dans ce cimetière prématuré qu'on nomme « La Mère Fauteuil » [2], il s'ensuit que vous êtes toujours sur les genoux de votre prédécesseur, l'historien Sorel — « Ecoute, petit, écoute « le monsieur !... il est un peu bavard, mais il intéresse ma chère muse Cléo, « qui, comme toutes les femmes, raffole des petites histoires avec lesquelles, « d'ailleurs, se fait la grande ! » doit-il vous dire, en vous engageant à la patience dont j'ai hâte de n'abuser plus longtemps.

Si, au Chat Noir de la rue Victor-Massé, en vrai psychologue que vous êtes, vous vous étiez informé auprès des quelques anciens qui croyaient pouvoir y persévérer, le début de votre discours, lors de votre réception à l'Académie, eût pu être moins pénible. Vous auriez pu apprendre à cette vénérable et bienveillante compagnie que la « blague vestimentaire » si scandaleusement célèbre, était due au seul génie charlatanesque du gentilhomme cabaretier, et contre laquelle Emile Goudeau, Henri Rivière et moi nous nous étions élevés, en essayant de démontrer à son

---

(1) C'est même pour cette raison que j'avais tant de mal à payer mon terme.
(2) L'Académie !... Un grand cimetière parisien s'appelle bien « Le Père Lachaise » !

inventeur que si, nous les jeunes, artistes et écrivains, il nous était loisible de taquiner nos anciens arrivés, il était d'un goût douteux et compromettant pour nous de faire intervenir la valetaille dans nos plaisanteries. Mais le gentilhomme cabaretier ne voulut rien entendre, et, à la renommée de l'œuvre d'art auquel il devait tant, il préféra le bruit d'une réclame scandaleuse.

Et ce qui va sûrement vous indigner, c'est d'apprendre que cette idée d'amuser ses clients, avec cette pîtrerie de garçons de café déguisés en académiciens, lui est venue peu de temps après qu'il eut tué, au Vieux Chat Noir, l'unique garçon qui y servait !... Il l'a tué ! oh involontairement, mais il l'a tué. Poursuivi, il a été acquitté ; j'ai même été cité comme témoin. Il a payé l'enterrement de ce pauvre homme, mais il a refusé tout secours à sa compagne sous prétexte qu'ils n'étaient pas mariés !

Le côté vraiment amusant de cette histoire de mascarade académicienne est que, si celle-ci ne vous a pas nui pour le fauteuil de Sorel, à moi elle m'a nui, à l'Institut, pour celui de feu...! Detaille. Et comme je m'y suis présenté bien des années après vous, vous auriez pu faciliter mon admission en trouvant, dans votre discours de réception, le moyen de dire ce qu'avait été vraiment le Chat Noir, c'est-à-dire une résistance acharnée contre l'invasion de l'esprit étranger.

Si vous vous étiez instruit auprès des vieux matous survivants, au lieu de les envoyer promener avec l'ombre de Rachel, vous auriez pu dire à ces braves gens qui croient encore « au Sabbat quotidien », au « Pandémonium », au « chemin de Dumas », à « l'atmosphère corrosive de persiflage » ce qu'était par exemple, le grand vitrail *Te Deum* qui tenait toute la grande baie du Cabaret et qui vous a peut-être fait songer inconsciemment au *Retour de Jérusalem*? enfin ce qu'étaient les « toiles brossées par les habitués du lieu », et dont l'une était l'étrange prédiction de l'actuelle et horrible hécatombe ! [1]

Enfin, pour conclure, vous avez, je crois, Monsieur, perdu une magnifique occasion de réhabiliter d'une façon éclatante et mieux que je m'efforce de le faire dans ce livre écrit surtout dans ce but, des poètes, des écrivains, des artistes qu'il est indigne, surtout de la part d'une illustre compagnie qui devrait avoir à cœur de répondre à son origine et à son but, de traiter de farceurs et de... — « On y voyait aussi une statuette de Villon !... comme de juste !... » a brayé encore M. Paul Bourget. Oui, triste-à-pattes, François Villon a aussi sa statue dans Paris, et comme elle est une des meilleures parmi la cohue des pétrifiés, elle n'est pas, bien entendu, de M. Puech, de l'Institut [2].

Oui, Piron, tu avais bien raison de dire :

« Ils sont là-dedans, quarante qui ont de l'esprit comme quatre ! »

(1) La mort cavalière.
(2) Cette statue est de mon regretté ami Etcheto.

PREMIÈRE ANNÉE. — N° 1.   LE NUMÉRO 15 CENTIMES   SAMEDI 14 JANVIER 1882

LE CHAT NOIR

RÉDACTEUR EN CHEF :
ÉMILE GOUDEAU

Rédaction et Administration :
84, Boulevard Rochechouart.

DIRECTEUR :
RODOLPHE SALIS

ADMINISTRATEUR :
VICTOR REY

ABONNEMENTS

PARIS
1 An . . . . . 10 »
6 Mois . . . . 7 »

DÉPARTEMENTS
1 An . . . . . 12 »
6 Mois . . . . 6 »

Les manuscrits non insérés, ne sont pas rendus.

ABONNEMENTS

PARIS
1 An . . . . . 10 »
6 Mois . . . . 7 »

DÉPARTEMENTS
1 An . . . . . 12 »
6 Mois . . . . 6 »

Les manuscrits non insérés, ne sont pas rendus.

(Paraissant le Samedi) **Organe des intérêts de Montmartre** *(Paraissant le Samedi)*

Salis m'avait donc demandé, mais à titre gracieux, un dessin pour le journal *Le Chat Noir*. Jusqu'alors je n'avais fait de l'illustration que d'après un thème indiqué ou sur un sujet donné; et je m'étais soumis. Toutefois, je fis au *Figaro* une première tentative d'indépendance, qui me réussit cette fois, en composant, à mon idée, tout le supplément consacré à l'Exposition d'électricité au Palais de l'Industrie en 1881. Un soir, après dîner, Périvier m'avait emmené avec le docteur Duverney chargé de faire le texte de ce supplément, visiter cette Exposition qu'il ne s'attendait pas, nous dit-il ensuite en riant de mon plaisant scepticisme, à trouver si drôle, et, laissant la bride sur le cou de l'âne que j'étais, il engagea Duverney à suivre le sens de mes dessins.

Bien mieux, à cette époque, la facture de nos dessins nous était imposée pour la facilité de la reproduction et soi-disant par le goût du public : le travail de hachures régulières rehaussé d'un pâté d'encre appelé un « noir brillant » à l'instar d'un Bertall, d'un Stop, d'un Delafosse, d'un Marcelin ou d'un Pépin, les maîtres du genre, était exigé par l'éditeur ou le directeur du journal. Ce travail n'était guère commode à exécuter sur l'affreux papier autographique gras et jaune, et quand il était soumis à Qui-de-droit, il n'était jamais trouvé assez fini ! Il en était de même pour le dessin sur bois et là, il fallait, en vue de la routine et de l'ignorance du graveur non artiste, absolument tout préciser. J'apporte à l'éditeur un bois que j'ai fignolé avec amour : il représente

Spécimen d'un Numéro.

PIERROT FUMISTE

AU CLAIR DE LA LUNE, par Ad. WILLETTE

Les Monstres de Paris (Rodolphe Salis à Saint Nicolas),

A mon ami ce muphtie de Rodolphe Salis (son ami Pierrot.)

LE CHAT NOIR

Les Monstres de Paris. --- Sarcey Francisque

LE CHAT NOIR

Pierrot s'amuse, par Willette

l'ami Chicot grimpant sur la table pour piquer le capitaine Borromée... — « Comment voulez-vous que le graveur puisse graver les pieds de la table que je n'aperçois pas dans votre dessin ? » me dit l'éditeur en me rendant mon bois ! Et c'est en vain que je cherche à lui expliquer que la lumière étant placée, sur la table, les pieds de celle-ci, se trouvent noyés dans une ombre obligatoire !... Ah, frères cadets, que vous avez de la chance d'avoir, à votre disposition, tous les perfectionnements de la reproduction qui vous permettent de dessiner comme on plante les choux et que le goût du public, pour le lâchage vous soit imposé comme, autrefois, à nous, celui du léchage !

Pour lors, par le fait qu'il me demandait un dessin, à l'œil, Salis me donnait du moins, la liberté de penser et de faire comme il me plairait. Ce fut donc, pour moi, une joie quasi toute nouvelle, et le dessin que je lui remis s'en était ressenti. Du coup Salis et la rédaction du *Chat Noir* me baptisèrent du nom de Pierrot, car ils prévoyaient déjà le succès qui fut un grand succès de rire quand la semaine suivante, dans le onzième numéro, parut « Pierrot fumiste » avec ce titre, mais sans l'habituelle légende. C'était le Pierrot noir qu'on se plut, dans la suite, à appeler *le Pierrot noir de Willette*.

PIERROT ET PIERRETTE [1]

Mesdames et Messieurs,

Je ne suis pas venu à Lyon avec la prétention de vous instruire... j'ai seulement le désir et aussi l'espoir de vous faire plaisir, durant l'heure que vous avez bien voulu, en ma faveur, distraire ou de vos loisirs ou de vos travaux.

Lyon, avant Lutèce, était au temps des Césars la plus glorieuse cité de la Gaule. Inutile, n'est-ce pas, de remonter plus haut; vous connaissez l'histoire de votre ville ; plus tard, après avoir été condamné à mort par ceux qui avaient changé en pourpre foncée le rose tendre du XVIIIe siècle, Lyon, sans rancune, est devenu la seconde capitale de la France et, par ce fait, une des plus belles villes du monde.

Ce n'est donc pas sans un certain émoi que je me présente devant le Tout-Lyon, lequel, j'ose l'espérer, sera bienveillant et hospitalier pour le conférencier accidentel, pour l'artiste dont tout le talent est d'avoir su conserver l'esprit de sa race, la race gauloise.

D'ailleurs, celui dont je dois vous entretenir, notre ami « Pierrot », a trouvé, dans votre ville, une sympathie, je dirais presque une parenté... celle de votre admirable Guignol, le célèbre et sympathique Gnafron ; Gnafron est un cousin plus verbeux, mais assurément moins âgé, car Pierrot, c'est l'homme chassé du Paradis ! Il a conservé la pâleur qu'a donné à l'homme l'effroi de la vie à gagner et de la mort à éviter.

Comme le blanc de sa blouse est la réunion de toutes les couleurs, l'âme de Pierrot est le sanctuaire des sept péchés capitaux !

Il est colère, mais poltron... alors il est battu !
Il est luxurieux, mais il est trompé, et... encore battu !
Il est orgueilleux, mais il est ignorant et niais !
Il est envieux, mais c'est le diable qu'il envie !
Il est gourmand, mais il est condamné à manger de la vache enragée !
Il est avare, mais il est volé !
Il est paresseux et il est voleur !

On peut dire de lui ce que les nègres disent du singe : — « Li malin, li pas parler pou li pas travailler ! »

Tel est le Pierrot classique dont le dyable et le gendarme se disputent sans cesse la possession. Parce qu'on savait ce piteux Pierrot coupable

---

[1] Conférence que j'ai faite en avril 1912, au théâtre des Célestins, à Lyon.

d'un tas de mauvaises farces, on ne l'a pas décroché de la potence où l'enfance l'a pendu pour le pauvre vol d'un livre :

> Aspice Pierrot pendu
> Qui hunc librum m'a pas rendu !
> Si hunc librum reddidisset
> Pierrot pendu non fuisset !

chantaient naguère les escholiers qui apprenaient encore le latin... de cuisine.

Le peuple simpliste, lui, accepte la légende qui veut que Pierrot soit un être tombé de la lune et, pitoyable, il a pour cet ahuri, pour ce benêt enfariné, toutes les indulgences dont bénéficient les irresponsables.

De tous les personnages de la comédie italienne, Pierrot est l'élu. Chez nous, pour le peuple, Cassandre n'est qu'un Tartufe, le vieux répugnant ; Arlequin, homme-serpent, est par trop inquiétant, et Polichinelle un infirme encombrant. Le dessinateur Traviès, moins heureux que le Lyonnais Mourguet, père de Gnafron, n'a pu faire admettre sa création d'un polichinelle parisien, l'insipide Mahieu, tandis que Pierrot !... Ah Pierrot !... C'est un rayon de lune !... j'allais dire un rayon de soleil !

Pierrot, c'est le blanc frangin ! Entre deux insurrections avortées, le peuple quarante-huitard aimait assez les petites revanches dont Pierrot, sur son tréteau, lui donnait le régal en taquinant le bourgeois. — Si, ouvrier paresseux, Pierrot sabotait l'ouvrage, le patron enrageait... joie du public ! — Si, serviteur grotesque, surpris en train de chiper du dessert, la poire volée gonflant encore sa joue, Pierrot soutenait mordicus qu'il n'avait rien pris, l'indignation du maître ravissait la salle ; mais quand, soldat, Pierrot mettait, à lui tout seul, une nuée d'Arabes en fuite, alors, c'était du délire !

De là, peut-être, la puérilité invraisemblable de ces scénarios des pantomimes qui ont fait le succès du Théâtre des Funambules. Certes, je ne puis douter, à cause d'une tradition respectable, que le succès de ce théâtre populaire ne fût dû au grand talent de ses mimes illustres, Gaspard et Charles Deburau, mais j'ai le sentiment que le public de ces spectacles funambulesques devait y mettre beaucoup du sien. Je le répète, l'autorité des critiques de l'époque est une garantie trop sûre pour que je puisse mettre en doute le talent de Deburau, père et fils ; mais s'ils retombaient de la lune en ce monde, il leur faudrait, aujourd'hui, interpréter des pantomimes d'un thème moins enfantin. — Exemple, celle qui a pour titre : *Pierrot et la baleine*. Cette pantomime était une répétition de l'histoire fantastique de Jonas. Pierrot, avalé par une baleine, en faisant la cuisine dans le ventre de cet animal, trouve une cassette dont le contenu lui permettra, après sa libération, de supplanter Arlequin auprès de Colombine !

Tout ce qui est, à présent, si répandu, si vulgarisé et qui était alors trop restreint ou encore inconnu, — la lecture, l'illustration, surtout en y

Le Roman de la Rose

ajoutant l'invention d'hier, le cinéma si populaire, a puissamment aidé le public à la compréhension du mouvement, du geste auquel les gens du monde avaient cru devoir renoncer parce qu'ils le considéraient comme l'indice d'une mauvaise éducation.

Ah ! vraiment nous avons bien mauvaise grâce de nous étonner et de nous moquer des mutilations que certains peuples s'infligent par coquetterie : des pieds réduits des dames chinoises, par exemple, alors que, dans une intention de bienséance imbécile, nous atrophions la main gauche de nos enfants ! Et le pire est que l'exubérance du geste étant de mauvais ton, la main droite fait toute la besogne, la noble comme la vile !

Nous, Français, de race si gaie, si expansive, en voulant imiter la froide dignité des Anglo-Saxons, nous avons assez l'air de pingouins qui seraient doués de la parole ! Nous oublions que la mimique est le premier langage de l'homme.

Ah ! la beauté du geste certain de l'ange déchu qu'était l'homme terrassé et tout nu au milieu des éléments et des animaux hostiles !... Le voyez-vous tendre ses mains jointes vers le ciel où il vient, seulement aujourd'hui, de reprendre son vol ?... C'est que le geste est plus éloquent que la parole et que, le plus souvent, la voix paralysée par l'émotion abandonne au geste le soin de maudire ou de pardonner.

Nous, les peintres, nous comprenons si bien la mimique de l'attitude, même celle de la forme, que nos mains câlines achevant le geste admiratif sur la toile ou sur le papier enfin rencontrés, y reproduisent tout naturellement l'objet de notre muet enthousiasme. Suivez le pinceau de l'artiste que vous surprenez si souvent indiscrètement dans la campagne, vous le verrez comme hésitant, tâtonnant avant de poser la touche définitive... eh bien non, il n'hésite pas, l'artiste caresse du geste... il *mime le paysage* !

Et permettez-moi, mesdames et messieurs, de vous dire mon amer regret de ne pouvoir accompagner d'une mimique ma conférence au lieu de vous la lire, ma peine extrême de ne pouvoir faire le geste qui, encadrant le mot et prolongeant ma pensée, la ferait mieux comprendre.

Laissez-moi vous dire comment il se fait que, malgré mon âge et ma réputation de diable à quatre, je ne puisse profiter des avantages précieux que donne l'assurance aux orateurs, pour mieux vous exprimer les choses que j'ai méditées avec tant de soin, pour votre agrément.

D'abord, hélas !... j'ai failli naître à Marseille, pays du geste, puis j'ai été interné dans le sombre lycée d'une charmante ville que j'ai peu connue parce que j'étais toujours privé de sortie !

La devise de l'Université impériale était celle-ci — Mutisme et immobilité. — C'est la bouche close que nous avons passé le temps si doux mais si dangereux de la puberté ! Pour correspondre, entre nous, comme des sourds-muets, nous nous servions, à l'aide de nos doigts, de signes alphabétiques rapides et rapprochés du visage. Du Corneille, du Racine, du

Molière, du Bossuet se récitaient les bras croisés ! Je vous laisse à penser si, pour obtenir des enfants silence et immobilité absolus, le code universitaire devait être dur et varié en punitions. Le triste résultat de cette éducation bête et méchante a été d'annihiler toute une génération, la nôtre, et c'est ainsi qu'un maillon de la chaîne qui nous reliait au passé a été rompu et que les traditions, (les meilleures bien entendu), ont été perdues sans résistance possible de notre part.

Au lycée, la possession d'une fleur était un délit ! Un jour, un méchant pion surprit un de nos camarades, le nez enfoui dans une rose sans doute rapportée du jardin paternel : il la lui arracha des mains et l'écrasa sous la semelle de son gros soulier !... Le petit se mit à pleurer, et moi j'eus peine à réprimer un cri d'horreur.

Qu'il soit pardonné à cet homme, car son acte de brutalité m'avait révélé ma sensibilité, sans laquelle je ne serais jamais devenu un artiste ! Dès ce jour, j'avais entrevu un Pierrot nouveau... un Pierrot qui aurait pitié des roses !

Bien à tort, des critiques trop bienveillants ou trop pressés ont cru devoir apparenter ce Pierrot à celui de Watteau. A la vérité, le Pierrot de Watteau, c'est Gilles, Gilles le mandoliniste, le chérubin des marquises. Pantin gracieux, certes et vêtu élégamment de satin, il promène son galant désœuvrement dans les parcs ombragés sans souci de l'orage qui gronde sur Versailles. Plus tard, admis à Trianon, il est le symbole de la légèreté, de l'insouciance, de l'aristocratie fin de siècle et, bientôt, on verra apparaître sa pâleur et sa noble indifférence sur le tréteau de la guillotine.

Dans son livre dont le titre est *Certains*, Jocris Huysmans ne m'a cité que pour m'accuser d'avoir pris à l'artiste délicieux qu'est Jules Chéret son Pierrot noir : je déclare que je suis innocent de ce délit de plagiat. D'ailleurs, Pierrot est une figure, un moyen d'expression tombé de la lune dans le domaine public.

M. Jules Chéret, dont l'art exquis est acclamé dans le monde comme il l'a été dans la rue, faisait des affiches pour les music-halls où des clowns effarants, les Frères Hanlon Lee, mimaient, avec quel succès, des cauchemars acrobatiques si chers au public anglais ! Grâce à son pinceau magique, M. Chéret transforma petit à petit ces pierrots américains, et il les fait, aujourd'hui gentiment gambader, en farandoles, dans l'azur de ses ciels. C'est Jules Chéret qui serait plutôt le petit neveu de Watteau, et non moi.

Je viens de rappeler l'apparition fantastique que firent, à Paris, les Frères Hanlon Lee : c'étaient des clowns américains d'une agilité diabolique ; le masque qu'ils avaient adopté était, à peu de chose près, celui du Pierrot latin, mais ce pseudo Pierrot était bien celui d'un pays sans lettres, sans arts, d'un pays où un combat de boxe rassemble trois cent mille spectateurs !

C'était, entre ces trois frères blafards, une bataille continue : si l'un

jouait du bengo, un autre survenait sournoisement et lui plantait une hache dans la tête, ou le frappant d'une planche il lui faisait cracher les dents qui tombaient avec fracas, sous la forme de haricots ! Ces pantomimes sont bonnes pour un peuple dépourvu de traditions d'art; chez nous, elles n'eurent heureusement qu'un succès éphémère.

Je me hâte d'ajouter que notre Pierrot n'aurait, non plus, aucun succès en Amérique, dans ce pays de ferraille; dans ces villes cubistes et aurifiées, il périrait, l'innocent rêveur, broyé, étouffé comme... un simple Edgar Poë !

Mon ami Pierrot, le mien, n'est pas d'origine italienne... il n'a pas tous les vices... il n'a que ceux de sa race... il est Français. Je l'ai rencontré, il y a trente ans, à l'ombre du moulin de la Galette : il voulait se pendre lui-même et pour de bon cette fois, désespéré qu'il était d'être sans cesse déçu, incompris... il voulait s'arracher le cœur pour le donner aux chiens !

— « Au clair de la lune, mon ami Pierrot ! lui dis-je en l'arrêtant. Ne te pends pas encore et ne donne ton cœur aux chiens !... Notre cœur, c'est le régal réservé aux Colombines, et si tu souffres de souffrir en silence, au clair de la lune, prête-moi ta plume pour écrire, pour dessiner tes peines et tes joies. »

L'entente fut conclue, et les premiers gestes de Pierrot ressuscité par le dessin furent d'abord compris et applaudis par les poètes dont Théodore de Banville, le père des Pierrots auquel je dédiai ce dessin — *Mon rosier est mort !*

Comme vous le voyez, mes chers auditeurs, Pierrot peut être votre « ami Pierrot » puisqu'il est celui des poètes ; il n'est plus la facétieuse canaille de la tradition funambulesque : il est devenu poète, artiste, mais précisément à cause de ces deux qualités qui ne furent jamais des professions sérieuses, l'infortuné Pierrot reste et restera un tire-au-flanc, un benêt blanc, un blanc benêt ! Ah ! il a bien choisi son époque pour, à la veille de réussir, se métamorphoser en poète !... Oh la la ! quel flair !

Par contre, admirez celui de Cassandre, de Polichinelle et d'Arlequin, ses anciens compagnons ! Ils n'ont pas été si bêtes, ah mais non ! Ils se sont modernisés, tout bonnement.

Le signor Arlequin s'est mis peintre, illico, presto, furioso, fameux et futuriste ! son premier et son dernier succès a été tout à l'heure, l'exposition et la vente, chez le père Nein, d'un morceau encadré de sa multicolore défroque ! Son compère Polichinelle étourdit et éblouit la Ville-Lumière de ses réclames lumineuses et assourdissantes, c'est le roi de la Publicité : il se vante, en riant comme un bossu, que lui aussi est arrivé en sabots à Paris ! Quant à Cassandre, il moisit saintement sénateur, et il est le président vénéré d'une ligue contre la pornographie et la calomnie ! Enfin, Colombine, c'est la Dame Blanche d'un château historique !

Pierrot n'a ni le loup qui sert, à Arlequin, de bouclier à sa pensée, ni

les sabots qui font faire place à Polichinelle, ni la pratique austérité de Cassandre-Tartufe ; il ne fait pas peur, il ne fait pas envie ; alors on peut en rire... n'est-il pas de Montmartre, pays de la purée et des gens pas sérieux ?

Non, Montmartre n'est pas le pays des rigolos, des esbrouffeurs, comme le croient ou affectent de le croire les gens sérieux et les étrangers qui, aguichés par le justement célèbre mollet de nos petites montagnardes, demandent — « Mouline Rouge ?... Mouline Rouge ?... »

Rouge ! le Moulin de la Galette l'a été avant son lumineux rival, le jour où son meunier Debray fut, sur une de ses ailes, attaché et fusillé par les Autrichiens en 1814 ! Montmartre, Mont des Martyrs a toujours justifié ce beau nom.

Si on crie haro sur Montmartre, c'est que Montmartre a fait peur !... C'est le mont Pelé de Paris !

Ce champêtre et dernier refuge d'un paganisme artistique, cette petite montagne d'apparences si folichonnes, quand elle est entrée en éruption, n'a pas accouché d'une souris !... Même une fois, ç'a été d'un Chat noir comme le Dyable et ce maître Rodilard a marqué sa griffe dans l'histoire de Paris !

La véritable originalité de Montmartre a été, depuis un demi-siècle, de servir d'asile aux poètes, aux artistes fuyant la mêlée des « gens sérieux » qui, en bas, se débattent dans la boue des affaires.

Pour le malheur de la Butte, l'homme sérieux qui d'abord méprisait, ne la comprenant pas, notre gaîté, en a, dans la suite, tiré profit et a ruiné, écrasé, avec ses tas de cailloux, nos tonnelles où se bécottaient les oiseaux et les amoureux.

Nous, les rêveurs, nous aussi nous avons des ailes, et si nous faisons aussi des chutes douloureuses, quelquefois même mortelles, c'est qu'on nous tire dessus. La cupidité des gens sérieux a pétrifié la Butte chantante : la vieillesse a paralysé, dans un geste de supplication, les ailes de ses moulins... nous sommes les emmurés, nous sommes les derniers martyrs du Mont des Martyrs !

Mais, pour une fois prévoyants, nous avons conservé de la semence, les graines des fleurs qu'on nous a si cruellement arrachées et nous les ferons, à la chaleur de nos cœurs, germer à nouveau dans nos œuvres ! Et ces fleurs épanouies, nous les offrirons à la Postérité qui reconnaîtra en elles les plus beaux spécimens de la flore montmartroise... c'est la Foi, c'est l'enthousiasme, c'est l'Amour !

C'est donc tout là-haut, dans ce dernier refuge de la bohème obligatoire que Pierrot rencontra une arrière cousine de Mimi Pinson dont il fit, en l'épousant, sa Pierrette.

Pierrette n'existait pas, que je sache, dans l'ancienne pantomime où toujours disputée, poursuivie, voltigeait l'unique Colombine. Pourtant, la première fois que je crus l'entrevoir, ce fut dans la belle pantomime de M. Michel Carré. — *L'Enfant prodigue* — mais elle s'appelait, très bourgeoisement, Madame Pierrot, et avait l'âge des grand'mères.

Colombine a le costume qui sied à son caractère frivole, c'est celui de la danseuse en tutu classique. Pierrette c'est la ménagère active : son chignon est enfermé dans un foulard blanc ou noir noué à la Bordelaise et dont les pointes chatouillent si souvent les joues de Pierrot ; elle porte la collerette et sa jupe, troussée en paniers, laisse voir un fouillis de dentelles d'où émergent des jambes gainées de bas blancs et aussi affairées que ses jolis bras nus. Ce n'est plus la cascadeuse Colombine, c'est une adorable trotte-menu.

Elle aime et admire le blanc paria, elle a pour lui le respect et les soins dont on entoure l'abeille laborieuse. Comme l'abeille pour les ignorants, les « gens sérieux », l'artiste a l'air de flâner parmi les fleurs, mais aussi avisée qu'un apiculteur, Pierrette sait qu'en ses flâneries s'élabore un miel nécessaire à la vie intellectuelle, et elle n'a garde d'importuner l'artiste producteur.

— « Votre Pierrette est donc la femme idéale ?... »
— « Hé oui, parbleu ! puisqu'elle est Française ! »

On accuse la femme française de légèreté parce qu'elle a conservé la coquetterie du geste et le goût exquis des frivolités, mais aucune femme au monde ne l'égale pour son esprit d'ordre, ses câlines attentions et son dévouement.

Vous allez, tout à l'heure, voir Pierrette dans son rôle de bonne petite fée dans la pantomime [1] qui va clore cette causerie, *Pierrot et la lettre*.

Pierrette demande à Pierrot découragé au point de ne savoir que faire sur sa toile blanche dressée sur le chevalet :
— « Me trouves-tu jolie ? »
— « . . . . ! »
— « Alors, tu m'aimes ? »
— « . . . . ! »
— « Alors, puisque tu m'aimes, peins-moi et tu feras le chef-d'œuvre rêvé ! »

Et Pierrot, enthousiaste, se met au travail et fait un chef-d'œuvre de grâce et de gentillesse.

Pierrette est une brave petite femme, car il lui faut résister aux tentations que lui font subir sa pauvreté et sa beauté. Ah, pour les tentations, elle pourrait, la mignonne, en remontrer au bon saint Antoine ! Encore le saint invulnérable, sentant, ressentant, voyait au premier assaut à qui

---

[1] *Pierrot et la lettre*, pantomime de A. Willette, jouée également au Théâtre Impérial.

PIERROT ET LA MOUCHE

— « Salut, Pierrot ! » me dit Salis un soir que j'allais prendre place à une table, je te présente Monsieur, Directeur de L'*Evénement Parisien*, qui cherche des dessinateurs pour son journal ». L'aspect de ce personnage n'était guère engageant ; pourtant, vu la rareté de la chose dont à laquelle on pense trop ici-bas, je promis ma collaboration au prix de cinquante francs le dessin. — « Je crois devoir vous avertir, me dit cet homme aux cheveux frisés, que mon journal est pornographique, du moins il est considéré tel par les Parquets ; déjà un de mes dessinateurs, d'autre part sculpteur, récemment condamné, vient de passer la frontière ; c'est pourquoi j'ai pensé trouver, ici, un artiste pour le remplacer. » Ayant conscience de n'avoir jamais fait de cochonneries et n'ayant pas l'intention d'en faire, son avertissement ne me fit aucune impression, et mes dessins qui parurent dans L'*Evénement Parisien*, organe de la pornographie, ne furent jamais poursuivis ! Les magistrats attendaient probablement que j'aie acquis plus de talent et de notoriété. Je tiens, en passant, à rappeler que ni *Le Chat Noir*, ni *Le Pierrot* mon journal, ne furent jamais poursuivis ni même inquiétés. Durant les quelques mois de cette dangereuse collaboration, car l'*Evénement Parisien* ne tarda pas à mourir lapidé, à coups d'amendes et de prison, je signais mes dessins du pseudonyme « Cémoi », et quand je les portais à l'imprimerie clandestine, rue Notre-Dame-de-Recouvrance, je disais — « Cémoi » en frappant à la porte, que le Directeur, après avoir arrêté les machines, ouvrait lui-même, en me présentant dut pour s'excuser de m'avoir fait attendre — « Le commissaire, lui aussi, dit : C'est moi ! »

Cet étrange Directeur de journal ne savait ni lire ni écrire ; il l'a appris depuis en prison d'où il est sorti encore plus redoutable : un jour, il m'emmena cité Bergère dans son café, où il me présenta à ses collaborateurs, dont Taboureux et Steinlen. Je ris encore au souvenir des grasses nudités que dessinait alors le futur grand artiste des misères et des revendications sociales. Nouvellement arrivé de Lausanne, sa ville natale, à Paris, il dessinait des oiseaux pour modèles de papiers peints. Naturellement je menai mon nouveau camarade au « Chat Noir » où, non moins naturellement, le cabaretier Satanas lui demanda de dessiner dans *notre* journal, ce que fit Steinlen pour son bonheur et le nôtre. Voilà donc encore un talent que Salis, contrairement à la légende, n'a pas déniché, pas plus que celui de George Auriol amené aussi par moi au Chat Noir.

Il y avait une terrasse au Chat Noir, qui d'ailleurs suivait les us et coutumes des cafés ordinaires ; mais le cabaret n'ayant que la largeur d'une petite boutique, et le trottoir étant assez étroit, il s'ensuivait que cette terrasse était assez restreinte. Toutefois quand elle était comble, on se faisait servir les consommations sur les bancs du terre-plein du boulevard Rochechouart !... nous étions là chez nous ... le jour, mais pas la nuit, car après la fermeture du bal de l'Elysée Montmartre, on était quelquefois dérangé, à la terrasse, par la familiarité des coquets Alphonses qui n'étaient pas encore des apaches, il faut le reconnaître. Nous eûmes, de temps à autres, quelques démêlés avec ces garçons si pratiques, et ce fut dans une de ces bagarres que Salis eut le malheur, en faisant le moulinet avec son tabouret, de tuer son garçon. Il est vrai que Salis, très belliqueux, par tempérament et par intempérance, avait, avant d'engager le combat, la fâcheuse habitude de prendre des attitudes héroïques pour impressionner l'adversaire auquel, en souvenir de l'*Iliade*, il déclarait que son vieux père n'aurait pas son cadavre, vu qu'il allait incessamment le donner à ses chiens !...

La journée, durant la belle saison, la terrasse était préférée à l'intérieur avec lequel d'ailleurs elle fraternisait par l'ouverture de sa baie. Elle fraternisait également avec les passants amusés. Le peintre cabaretier, car il ne s'était pas encore anobli, profita de la vogue de sa terrasse pour déjà exploiter, à son profit, un scandale qui venait de se produire, sur le boulevard des Italiens, en face du Café Riche et dont une des personnalités du journal *Le Figaro*, M. P..., avait été la malheureuse victime. Une ignoble brute, agent de publicité, pour se venger de ce galant homme, l'avait décoiffé et coiffé d'un vase de nuit occupé !... Alors, malgré mes protestations et celles de Goudeau, le gentilhomme cabaretier fit faire des verres en forme de pot-de-chambre et désigna la consommation servie, dans ces ignobles récipients, du nom de la victime — « François, gueulait-il, voyez l'as !... Un P !... trois, quatre P... à l'as !... »

Le résultat de cette grossièreté indigne d'un gentilhomme fut, en effet, très bon pour la caisse du cabaretier, car la majorité des rieurs n'était ni artiste, ni littéraire, mais il fut déplorable pour nous, pour moi qui ne fus plus appelé, à faire, pour *Le Figaro*, des dessins qui m'étaient payés cinq cents francs, avec la honte en plus de passer pour un ingrat. *Le Figaro* n'a pas tenu, aussi longtemps qu'à moi, rigueur à Salis, puisqu'il lui a fait fête rue Victor-Massé, mais je n'étais plus là pour bénéficier de cette absolution miraculeuse.

Voilà donc comment nous produisait et nous rendait service ce sinistre farceur célébré par une légende qu'il est de mon devoir de détruire.

L'intérieur du cabaret n'était ni grand, ni luxueux, mais Salis avait su en tirer parti, et le décor en était plutôt amusant. De gros clous plantés de distance en distance dans les murs dont la cimaise était faite de panneaux diamantés de vieilles armoires étaient destinés à l'accrochage des chapeaux et des manteaux qu'on gardait plutôt sur soi. Une ancienne gloire dorée d'église avec, au centre, la tête du Chat Noir, dominait le comptoir où Mme Salis, très belle femme, rousse comme son mari, trônait jusqu'à minuit, heure à laquelle elle se retirait dans le domicile conjugal, suivie du noir « l'Amoureux », le bon génie de la maison [1].

---

[1] Le noir matou que Salis avait chipé dans la rue et qui lui donna l'idée de son enseigne.

Au moment où, commandité par Cusenier, distillateur national, Salis montait, à la place de l'ancienne poste du boulevard Rochechouart, son cabaret, il avait, chemin faisant, chapardé un superbe chat noir à poils ras ; même pour l'avoir, il était grimpé après un réverbère en haut duquel le matou s'était réfugié : Ce chat, baptisé l'Amoureux, lui inspira l'idée heureuse de donner, à son cabaret, cette enseigne « Au Chat Noir » !... On dit, à Paris, que les chats noirs portent bonheur !...

LE CABARET

L'ENSEIGNE DU CHAT NOIR

Rodolphe me voyant entrer, s'écrie : — « Tiens, voilà Pierrot, il va nous trouver ça ! » « — Et que diable cherchez-vous donc ? » Je m'informe en voyant Salis et mes camarades attablés, la plume ou le crayon à la main, devant du papier blanc. — « Nous cherchons l'enseigne du Chat que je veux suspendre à la porte », me déclara Salis. Alors je prends part aux recherches. « Ça y est, s'écrie Salis, Pierrot a trouvé ! » et il montre mon projet approuvé de tous et consistant en un Chat Noir perché sur le croissant de la lune. Ce projet fut, de suite, exécuté en tôle ; le Chat Noir avec deux yeux d'or, perché sur un croissant d'argent se balança, peu de temps après, au-dessus de la porte du cabaret, et son ombre portée gambadait gaiement sur la banne de l'épicier voisin, notre ennemi. Et l'épicier enrageait, et peu de temps après, à notre grande joie, il fut emmené en prison !... Et on dit, à Paris, que les chats noirs portent veine !... pas à nos ennemis bien sûr !

Le premier garçon du Chat Noir s'appelait François, et il était sans doute trop brave homme pour son patron, puisqu'il n'y resta qu'un an. Ce n'est pas lui qui aurait glissé des soucoupes supplémentaires aux causeurs distraits, ni oublié de rendre la monnaie aux pochards ; car il y avait des pochards comme partout où on boit. François m'acheta même une petite toile *La Cigale et la Fourmi* qu'il me paya, en espèces sonnantes et trébuchantes, deux cents francs ! Ce devait être plus tard, plus cinquante francs, le prix que me paya Rodolphe Salis pour ma grande toile le *Parce Domine*.

Ce fut encore par l'entremise désintéressée du même garçon que je vendis, à un client aisé de passage, mon tableau *Une paire d'amis*, que Salis avait accroché, pensait-il, pour toujours, dans son cabaret, sur son mur peint à la colle... forte, bien sûr. Ah ! c'est que quand il avait accroché quelque chose chez lui, c'était, comme qui dirait, pour ses héritiers ! Ainsi pour Henri Pille qui, pas plus que sa femme, après sa mort, n'a pu ravoir une de ses plus belles compositions *La Mort du Roi de Carreau*, parue dans le journal et qu'il lui avait laissé accrocher bénévolement pour un temps, dans son cabaret du style Louis XIII le plus pur. Et les parapluies oubliés !... leurs possesseurs trempés de pluie et de larmes pouvaient en faire leur deuil !... toujours la même manie, quoi !

Ah ! brave François, vous l'avez échappé belle ! mais c'est fâcheux, très fâcheux que ce ne fût pas Picard votre autre collègue, qui eut sa vilaine tête de larbin sournois cassée par le choc de ce fameux tabouret du style Louis XIII le plus pur.

On voyait aussi sur un des côtés de la salle le portrait en pied du Maître de céans, en gentilhomme Louis XIII, du style le plus pur, en compagnie d'un chat noir lappant une assiettée de lait. Ce portrait, tout en étant une farce faite à froid, était une très belle peinture de Antonio de la Gandara, certainement une de ses meilleures. Ce portrait est d'une ressemblance frappante, précisément parce que mon cher et regretté camarade a su exprimer le côté farce de son modèle, à l'insu de celui-ci bien entendu.

La statuette de François Villon, que l'auteur du *Décor à l'envers* prétend avoir vue, n'existait pas ; c'était celle de Saint-François d'Assise qui présidait à nos causeries, à nos chants et surtout à la rédaction du journal qui se faisait, dans cette salle, le matin ou l'après-midi. La mise en pages, la correspondance, la lecture de la copie et l'arrivée de l'épreuve du dessin étaient de joyeux moments. Ah ! qu'il avait bel aspect ce journal de jeunes, avec l'en-tête si bien approprié de Henri Pille et ses beaux caractères choisis, avec tant de soins, par un tout jeune artiste au goût déjà averti, Henri Rivière, qui, par l'ingéniosité de son théâtre d'ombres, devait achever de faire la fortune de Rodolphe Salis, au Chat Noir de la rue Victor-Massé.

Mais le journal *Le Chat Noir* n'étant alors tiré qu'à onze cents exemplaires ne se trouvait pas dans tous les kiosques, et de demander—« Madame, avez-vous le *Chat Noir*?... » vous valait souvent une gifle quand la marchande était une brunette...

SALIS

Rodolphe Salis, ou mieux Rodolphe Malice, comme je me plaisais à l'appeler, avant de trouver « l'Ane Rouge » était en effet malin comme le Malin en personne; pourtant il devait trouver son maître.

Un après-midi, j'entre au cabaret, et je vois Salis et la rédaction groupés, devant des piles de soucoupes, autour d'un gros monsieur à l'allure commune et la figure barrée d'énormes moustaches d'un noir invraisemblable. — « Monsieur le Baron, lui dit Salis tandis qu'il me secouait la main avec un empressement exagéré, je vous présente notre camarade Willette, le Commandeur des Pierrots ! » Ayant pris place à la table, je compris à l'instant qu'on se payait la tête de cet individu que j'aurais juré être le fameux baron de Trenck ressuscité, et je m'étonnais des égards que lui témoignait, réellement, le cabaretier qui avait pourtant l'instinct du renard comme il en avait le poil. Ah ! c'est que le Baron proposait à Salis et à Goudeau, sa collaboration, que Salis acceptait d'enthousiasme, sur la promesse que lui faisait cet écrivain amateur d'acheter ferme, cinq cents numéros du tirage où paraîtrait sa copie ! — « Non, certes, je n'ai pas la prétention de faire concurrence à ces messieurs, déclarait-il en souriant, mais je serai si heureux et si fier de voir ma pensée imprimée dans un journal aussi littéraire, aussi artistique. »

Et il s'en fut, non sans avoir soldé noblement la foule de consommations les plus chères que, toutefois bien avisé, Salis avait fait venir.

Peu de jours après, Goudeau montrant à Salis la copie du Baron qu'il venait de recevoir — « Lis donc ça, lui dit-il, ce n'est pas mal idiot ce que m'envoie ton Baron ! » — « En effet c'est assez toquard, répond Rodolphe, après lecture de la chose, mais fais passer tout de même puisqu'il doit prendre cinq cents numéros. » Je lus aussi la chose : cela se passait en Suisse, il y avait des noms suisses ou boches, et c'était l'histoire d'un colonel suisse parti, en voyage, qui, de retour chez lui, trouvait sa femme accouchée d'un nègre... etc. ; en effet c'était idiot.

Le Chat Noir parut donc avec cette histoire; mais le Baron attendu ne parut pas, il ne vint jamais chercher ses cinq cents numéros ; mais ce qui vint, de Suisse, ce fut du papier timbré ! Le gros et vilain farceur s'était servi de Salis et de son journal pour satisfaire une basse vengeance ; les noms étaient vrais, et ceux qui les portaient intentaient au Directeur du

Chat Noir un procès en diffamation ! Ah si Rodolphe avait alors tenu le Baron... jamais son vieux père n'aurait eu son cadavre... etc., etc !

Son amour de la noblesse lui attira plus d'une fois des mortifications dans le genre de celle-ci. Nous étions, un soir, en train de nous amuser d'un jeune homme, à la redingote impeccable, nous déclamant des vers de Racine. Salis, nous entendant applaudir, s'amène et veut s'informer. Alors le petit calicot, car c'en était un et abominablement gris, d'un geste superbe lui jeta, aux pieds, une poignée de monnaie où brillèrent quelques louis et dit — « Payez-vous, cabaretier, j'ai trois merlettes à mon blason ! » Et Salis prit, toute la soirée, en grande considération ce prodigue gentilhomme.

Oui, mais le lendemain, le jeune imprudent, ravi de son succès de la veille, nous revint, mais comme il n'avait plus le sou, l'honnête Picard ayant dû, le matin, balayer... à son profit, l'argent qui devait être celui de son mois et qu'il avait si splendidement semé, Salis furieux, le foutit à la porte, non sans lui avoir administré une paire de claques, et il en fut ainsi toutes les fois qu'il apparaissait. Alors la Merlette, c'est ainsi que nous l'avions baptisé, attendait, assis à la porte, l'occasion d'une fournée de clients, pour pénétrer et se faufiler sans être vu du rancunier cabaretier. Me voyant ouvrir la porte, la Merlette me suivit en se cachant derrière moi, mais Salis veillait et s'élançait déjà la main haute... Alors, oh ! alors la Merlette ! — « Ah ça, cabaretier, prenez-vous donc ma figure pour un essuie-main ? » Et il entra superbe, et il s'assit, désormais sous notre protection. Courteline a souvent parlé de la Merlette qui a fini, ah ! l'heureux pochard, par épouser une lady millionnaire !

A l'ancien Chat Noir, les soirées ne suivaient aucun programme, on attendait tout de l'imprévu, de l'imprévu si amusant surtout quand il vient de la rue où vont, droit devant eux, tant de rêveurs qui ne demandent qu'à prêcher en public ; ils font rire, ils peuvent intéresser. Attirés à la lueur étrange du cabaret, comme les papillons à la lumière, ils entraient, et dès qu'ils se faisaient distinguer, on leur criait — « A la tribune ! » La tribune était le comptoir resté désert après le départ de Mme Salis ; le bonhomme s'y installait et exposait ses doctrines ou disait de ses œuvres. Bien entendu, si le particulier n'était pas intéressant, il était invité à aller s'asseoir, ou à prendre la porte s'il se fâchait, ainsi qu'il advint à ce farceur de Donato qui prétendait magnétiser quelques-uns des nôtres pour leur faire prendre des vessies pour des lanternes. Ah, celui-là, nous l'avons relancé jusqu'à l'Athénée où il voulait faire ses expériences ridicules !... ah ! qu'est-ce qu'il a pris pour son rhume !

Ainsi du roi d'Espagne, Alphonse XII, car nous sortions quelquefois en corps du cabaret. Alphonse XII avait eu, en 1882, la mauvaise idée d'accepter de Guillaume, avant de venir à Paris, le grade de colonel dans un régiment de hulans ! Coiffés de la haute casquette de soie de l'Alphonse de cette époque, nous allâmes à la gare du Nord saluer ce vilain prince verdâtre à côtelettes noires et puant encore la choucroûte au laurier de la veille... Nous aperçut-il ?... Comprit-il ?... Je pense que non, mais ce qu'il dut sûrement comprendre, tout le long de son calvaire, de la Gare aux Affaires étrangères où il s'enfouit enfin, ce fut la malédiction de tout Paris soulevé contre son insulteur et celui de la France.

A l'occasion du « Dîner de la Soupe et le Bœuf » fondé par le chansonnier Jules Jouy et qui se faisait, tous les mois, le Chat Noir n'ayant pas alors de cuisine, dans différentes gargottes de la Butte, nous sortions encore, cloche en tête, coiffés de morions, armés d'arquebuses, d'épées à deux mains, etc., étendard déployé. Celui-ci (de l'auteur) jaune d'or avec un chat noir gambadant au milieu. Tout en longeant les boulevards Rochechouart et Clichy et en gravissant la rue Lepic, nous chantions le fameux chœur des Séraphins étonnés, et ils devaient l'être, vraiment, en voyant ces jeunes insurgés qui rappelaient, par leur équipement mi-civil, mi-guerrier, ceux si pittoresques de 1830.

L'aspect inquiétant de notre cortège nous valut, une nuit que nous redescendions de la Butte, une attaque effectuée par le guet surgi du Poste de la place Dancourt. La lutte fut épique, autour du drapeau pris et repris, mais Pierrot, l'infortuné porte-drapeau, demeura aux mains des sergots qui le plongèrent dans un noir cachot inondé d'urine et de bran ! Comme auparavant, il était sommé d'enlever sa cravate et de vider ses poches, sur le bureau du brigadier, et comme il exigeait que fût constatée la

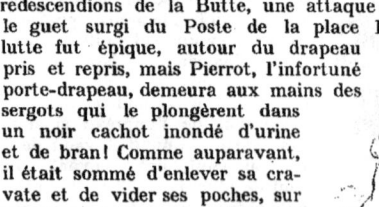

somme contenue dans son porte-monnaie (trois pièces de 0 fr. 50, je crois pouvoir me rappeler !) les sergots se déclarèrent outragés et passèrent si bien Pierrot à tabac qu'il en demeura plusieurs jours, ankylosé. Oui, ils m'ont passé à tabac, les v...! mais moi aussi je les ai passés à tabac et toute la vie ! J'ai eu, longtemps, en passant devant ce poste de la place Dancourt, une âme de Liabeuf, mais ma vengeance rêvée a été heureusement satisfaite en apprenant, successivement, que le flic qui avait eu, pour moi, le meilleur tabac, un nommé Ma..., était en fuite après avoir violé une petite fille ! et, ces temps derniers, que son fils a été condamné, à perpétuité, pour assassinat !... Ah, Io-Kameskasse !... et son secrétaire, à tête de seigneur assyrien, le sieur Puybaraud, pourtant Hydropathe, qui me dit, à moi plaignant et voulant lui montrer mon derrière encore meurtri [1] — « Nous avons beaucoup d'indulgence pour les jeunes artistes qui s'amusent, « mais n'ayez jamais affaires à nos agents... Nous leur donnons toujours « raison ! » Allons, la route est belle ! les marlous d'une part, les sergots de l'autre, y a du bon pour nous les artistes, les poètes déjà honnis par les gens sérieux. Mais il ne faut pas s'en faire, ni surtout se mêler de vengeance; quand on a écopé de la part d'ennemis méchants ou stupides, ils se chargent bien, eux-mêmes, dans la suite et par ailleurs, d'aller chercher l'inévitable châtiment qu'on leur a souhaité, non pour une satisfaction puérile, mais pour le bien de l'humanité.

Mais il ne fait pas bon dehors; si qu'on rentrait à l'intérieur du cabaret ?... On s'attend à y entendre développer d'invraisemblables théories, principalement sur l'Art, écouter les aigres propos et les débinages de ratés envieux ou les folies de jeunes arrivistes... Eh bien, une fois entré, voici ce qu'on voit... quatre matous et une petite chatte attablés devant une unique absinthe ! Ils sirotent, à tour de rôle, le vert breuvage... c'est une purée pour quatre purées... peut-être, mais c'est plus sûrement pour faire endêver ce vieux frère Rodolphe qui tient tant à ce que chaque place rapporte, mais qui n'ose faire une observation à ses artistes toujours indépendants, et qui paraissent deviser gaiement entre eux.

C'est une journée d'été, il fait beau dehors; pourquoi ces jeunes gens restent-ils enfermés? Ah voilà ! c'est qu'ils sont, dans le train..., en chemin de fer et que, voyageurs, ils font connaissance — « L'odeur du tabac ne vous incommode pas, Mademoiselle?... » — « Vous permettez, gentlemen, que je baisse la glace?... » — « Quel beau coucher de soleil !... » enfin toutes les banalités d'une conversation entre inconnus enfermés dans le même wagon. N'ayant pas les moyens d'aller, à la campagne, ces jeunes artistes

---

(1) Lorsque je disais, plus haut, que Pierrot ne recevait pas de coups de pied au derrière, j'oubliais ceux qu'il reçut des sergots qui, à cette époque, n'étaient pas encore pourvus de bottes mais d'énormes godillots.

se donnent, comme les enfants qui y jouent, l'illusion d'être en chemin de fer pour aller villégiaturer !...

Cependant qu'à une table voisine, une demi-douzaine de concierges, portant la calotte à gland et le tablier bleu à grande poche d'où émergeaient des journaux et des lettres de mort, menaient, en se chamaillant, un foin du diable ! Ces braves gens parlaient des ennuis de leur état si moqué des artisses, ces crève-la-faim, de la ladrerie du locataire et de la rosserie du propriétaire, bref un tas d'histoires de concierges. Enfin, se levant tous, ils trinquèrent à la mode de Tolôse, en choquant leurs verres et en disant d'une terrible voix de basse — « A nous, les haumes...! » (les hommes). Puis ils entonnèrent... aussi le chant révolutionnaire du délicieux père Pothey, encore un ami du Chat Noir, c'ti là :

> Ils font leurs excréments
> Dans des vases en porcelaine
> Et disent que ça sent la verveine !
> On les guillotinera,
> Messieurs les propriétaires,
> On les guillottinera
> Et le peuple sourira !

Eh bien, ces étranges consommateurs bien inattendus dans ce milieu réputé littéraire et artistique, n'étaient autres que des peintres s'amusant à jouer au pipelet... et aux dépens d'un beau poète qui, dans un accès de rage les avait foudroyés de son mépris !

Le Chat Noir n'était pas une Société organisée, ni un cercle fermé ; y entrait qui voulait et sans courir le risque d'être brimé grossièrement, genre inventé et exploité plus tard par Aristide Bruant. Malgré les carrières et les talents divers, ce n'était pas non plus, comme on l'a cru, une chapelle d'admiration mutuelle, pas plus une Ecole. Les meilleures choses pouvaient y éclore sans même étonner les confrères et les familiers du lieu ; il arrivait parfois d'entendre l'étranger connaisseur, après un entretien avec l'un de ces artistes, s'exclamer ravi : — «... Il ne sait pas qu'il a du talent ! »

Mais si, au Chat Noir, l'encensoir était chose inconnue, il arrivait quelquefois que la plume se prenait de bec avec le crayon et le menaçait de la gomme à effacer ! Emile Goudeau, qui est peut-être un grand poète, avait le tort de se partager entre Montmartre et le Quartier Latin, où il avait fondé le club des Hydropathes. Il croyait encore au Boulevard ! à la nécessité du cercle !... Nous le gardons pour nous et nous laissons, au boulevard, c'est-à-dire à Paris, la honte de l'avoir méconnu !

Et je ne comprends pas encore, alors que le proverbe qui dit que « nul n'est prophète dans son pays » est faux à Tolôse, à Montpellier, à Périgueux sa ville natale, comment ce poète « de l'impérial Midi dont on se rit en vaigne » ait été rejeté par cette franc-maçonnerie méridionale, alors toute-puissante en politique comme en art.

EMILE GOUDEAU

Emile Goudeau, qui signait A. Kempis les charmantes chroniques de notre journal, était le boute-en-train du Chat Noir; c'est lui qui haranguait, et mieux que Salis, la foule à l'intérieur comme à l'extérieur ; mais trop souvent, hélas, quand la vierge verte l'y incitait et quand le boulevardier réapparaissait en lui, il prenait mal les plaisanteries des peintres qui tiennent forcément un peu de l'ouvrier. C'était donc dans un départ furibond qu'il nous avait crié : — « Je descends au Boulevard !... les peintres sont des fils de concierges ! » Parole imprudente ! car le lendemain, en descendant la rue Lepic, j'aperçois un déballage à la porte d'un chapelier : c'est des calottes à gland dont la vue et surtout le bon marché me donnent l'idée de la farce à faire. J'achète plus loin des tabliers bleus et, nanti de ces objets, j'expose mon projet de vendetta à mes confrères qui l'adoptent d'enthousiasme. Nous écrivîmes même sur un écriteau — « Parlez en vers au concierge. » C'est ainsi que nous devînmes pipelets, à la grande déception de ceux qui venaient voir et entendre des artistes ; comme ça nous amusait follement, la blague dura jusqu'à ce que Salis exaspéré demandât grâce pour le poète qui en rigolait.

Un autre jour, les passants s'arrêtèrent devant la porte du cabaret fermé sur laquelle se lisait — Fermé pour cause de décès — C'était Salis que nous avions fini par faire mourir à force de chagrins et de privations !... Ni fleurs, ni couronnes ! Le catafalque, entouré de lumières, était dressé au milieu du cabaret. Une religieuse au gros nez veillait pieusement auprès... c'était le peintre Signac. L'amusant de cette farce macabre à laquelle assistait Salis fut la lecture des discours. Ah bien, il a ramassé, ce jour-là, le cabaretier qui avait voulu jouer au Charles-Quint, car, tout en riant, les orateurs jugèrent plutôt sévèrement le mort, comme d'ailleurs cela se faisait en Egypte et comme je le fais, à cette heure, avec justice.

« Qu'as-tu ?... Tu rêves ?... » me demande ma femme réveillée, en sursaut, par mon rire. Et je lui réponds : « Non, je ne rêve pas, c'est encore un souvenir du Chat Noir qui me fait rire ! » Presque une scie, quoi ! Oui, y en a trop, et puis écrites, la plupart de ces blagues perdraient de leur saveur, et puis j'ai encore tant d'autres choses à raconter ! [1]

(1) Une des meilleures, véritable prophétie du cubisme, du futurisme, fut l'Exposition des « Incohérents », imaginée par Emile Goudeau et installée par Jules Lévy.

Pour être juste, il faut dire que Rodolphe Salis était lui-même vraiment rigolo, un imperturbable farceur ayant surtout la faconde amusante du camelot parisien. Il avait lu, mais il n'avait retenu, de ses lectures, que ce qui lui était nécessaire pour paraître avoir du vernis. Il était aussi très calé sur « l'Histoire Tintamarresque et, du roman » d'Eugénie Grandet, car son auteur préféré était Balzac, il n'avait, par exemple, retenu que l'utilité du bégayement factice du père Grandet dont il se servait, lui-même le plus comiquement du monde, pour étourdir les hommes d'affaires ou effarer les hommes stupidement graves, tels les bureaucrates, tels les chefs de rayons dans les Grands Magasins.

Non, on ne s'embêtait pas quand on sortait avec lui; mais il fallait ouvrir l'œil, car il avait la manie du souvenir...

Après avoir quitté le *Chat Noir*, j'avais dessiné, dans *Le Courrier Français* Salis en train de haranguer ses clients : bien qu'ayant une tête d'âne rouge, son expression de roublarderie et ses gestes étaient véridiques. Incontinent, pour détruire l'effet de ce dessin dont le succès hilarant consacra son nouveau et définitif surnom d'Ane Rouge, Salis pria le trop bon Steinlen de le représenter, dans *Le Chat Noir* en orateur quasi-sérieux!

Voici, à titre de curiosité, un specimen vraisemblable de la faconde de *Salis orateur*.

TABLEAU

Les habitués du cabaret viennent de reprendre, en chœur, et en sautant sur les bancs, sur les tables, le dernier couplet de *La Femme du Roulier* dont les enfants, appelés par leur mère à juger entre elle et son mari, donnent raison à leur père :

> Il a bien fait, répondirent les enfants,
> Il a bien fait d'bâcher avec la celle qu'il aime !
> Et quand nous serons grands,
>   Tire li tire lan...
> Nous ferons tous de même !

Alors Salis — « Oui, beaux et vaillants chemineaux de la Voie lactée, oui, vous ferez tous de même... qu'Alexandre, Annibal, César et Pompée !... Et vous ferez mieux encore ! Car si la gloire de ces Toulousains illustres Annibal, César, Buonaparte, a illuminé d'éclairs fulgurants la sombre nuée qui surplombe l'Océan des âges, vous avez, vous, conquis Montmartre, nombril du Monde !... Montmartre dont la Butte et le Cabaret du Chat Noir

sont les mamelles de Paris, de Paris où règnent les vertus de Grévy le Jurassique — l'ordre et l'économie ! Ayez toujours ces vertus théologales si vous voulez posséder un cœur d'airain et un gosier d'acier digne de recevoir, ici, pour votre félicité terrestre, ô mes dignes gentilshommes, la mirifique cervoise que, sur votre demande et moyennant quelques sous parisis, va vous verser, dans le plus pur cristal, Picard, mon fidèle et diligent échanson !... »

Ce n'était pas du Mirabeau, mais c'était du moins tolérable, surtout à l'époque où le souffle de l'éloquence du Pétomane était si goûté par le Tout-Paris.

Je ne profite pas de la disparition de cet homme, en vérité très étonnant, mais qui sentait diablement le soufre ; ce que j'écris, ici, à son sujet, est même atténué auprès de ce que je lui ai écrit et dit, de son vivant, ainsi qu'en témoignent mes dessins parus dans *Le Courrier Français* et surtout cet article indigné que je lui consacrais dans mon journal *Le Pierrot* du 16 novembre 1888.

Et si j'insiste encore aujourd'hui, c'est qu'il ne faut plus que Rodolphe Salis, dit l'Ane Rouge, qui aurait dû se contenter d'une fortune inespérée, puisse continuer à passer pour avoir été le chef d'orchestre et le père nourricier des Muses qui l'ont si généreusement aidé à l'acquérir.

16 novembre 1888.

Le Pierrot (Directeur : A. Willette).

PREMIER MÉCÈNE

Je prie les lecteurs de m'excuser si je leur fais part ici de choses ennuyeuses, mais je tiens à mettre en garde contre la falsification, l'amateur possible de mes œuvres. Il y a treize ans que je dessine dans les journaux, dont quatre au *Chat Noir* pour l'amour de Pierrot, et trois à la première page du *Courrier français*, sans avoir eu l'idée d'exploiter l'arrière-boutique de ce journal : j'ai été en partie récompensé de mes peines par l'approbation de la presse et du public, et je pensais que le moment de jouir matériellement de mes travaux était enfin venu. Erreur ! des misérables ont fabriqué et fabriquent encore une quantité effroyable de dessins qu'ils signent à faux. J'ai fait au mois de mars dernier, rue de Provence, une exposition presque complète de mes dessins et de mes peintures (je dis presque complète, car seuls MM. Salis et Roques ont refusé de me prêter alors ce qu'ils ont ou détiennent de moi) : j'espérais ainsi faire cesser cette ignoble industrie.

Je me suis trompé : cette exposition, tout en me faisant honneur, n'a profité qu'à ces faussaires.

Des individus me déshonorent en se faisant passer pour moi dans des brasseries qu'ils offrent de décorer, d'autres vendent des tableaux signés de mon nom. Ces jours-ci, je fus prévenu que Rodolphe Salis, directeur du *Chat Noir*, faisait exécuter en peinture la *Mort de Pierrot*, un des dessins que je lui *donnais* jadis pour son journal.

Je croyais rêver. Vendredi dernier, je suivis au Chat Noir un individu, à moi désigné comme peignant ce tableau, et je vis en effet, dans le fond du café, une toile d'un mètre soixante environ placée sur une chaise. Je l'ai crevée à coups de canne, et j'en ai été malade de honte et de chagrin. Deux jeunes gens viennent trouver Salis et lui montrent ce qu'ils font d'après mes dessins, et Salis, au lieu de m'avertir, me les cachait et s'en servait ; il a même signé un traité avec eux pour la reproduction de mes dessins !

Pensant que les étrangers viendront à Montmartre l'année prochaine, Salis avait la prévoyance de faire exécuter un certain nombre de tableaux d'après mes dessins. C'est moins cher que de me les demander, et ce sera un fameux bénéfice : « De la peinture de Willette ?... comment donc... faites votre choix.! »

Salis, absent le jour où j'ai détruit cette ordure, aurait exprimé le regret de n'avoir pu me frapper : c'est là son seul regret. Oh ! je sais bien que vous avez le *tabouret mortel*, mais j'ignorais votre absence, Salis, et votre présence ne m'aurait pas empêché de défendre mon bien. Voilà donc votre reconnaissance pour les quatre années que j'ai passées à vous donner, pour le *Chat Noir*, le meilleur de mon cœur et de ma cervelle. Pauvre et débutant, honteux d'un passé absurde, vous êtes venu à mon atelier, me demander, au nom de la camaraderie d'école, ma collaboration à votre jeune journal dont la rédaction se faisait dans votre petit cabaret du boulevard Rochechouart. J'y suis resté quatre ans, vous donnant mes petits pierrots *sans aucune rétribution* : le *Parce Domine* ne vous a pas coûté cher, et j'ai même été chez vous un trop bon client : j'en ai failli perdre la santé et la raison. Et je vous laisserais exploiter indignement ce qui est à moi, ce qui doit me faire vivre !

Ah ! mais non !

Je vous ai su et je vous ai vu souvent dans de mauvaises passes : vous en êtes toujours sorti heureusement, malgré toute justice. Votre bonheur m'épouvante : croyez-moi, Rodolphe Salis, n'exagérez pas.

A. WILLETTE.

« O Banville, n'oubliez pas vos Pierrots. »

Que Salis ait légué aux siens, son château, ses terres..., nos œuvres, hélas, aussitôt revendues comme chiffons !... [1] Rien à dire, mais si dans ce passé il y a de la gloire, il n'a aucun droit d'en disposer et je viens, au nom de la vérité, la distraire en entier de l'héritage, pour la répandre sur la pauvre tombe de mes camarades toujours bien aimés. Quant aux survivants du « Vieux Chat Noir », leur vieillesse n'a rien à envier.

BANVILLE

— « Dites donc, Pierrot, vous n'êtes guère folâtre !... » C'est, précisément, ce dont Théodore de Banville s'étonnait lorsqu'il me demandait, dans ses *Lettres à Pierrot* qu'il publiait alors dans *Le Gil Blas* : —« Pourquoi, Pierrot, de blanc êtes-vous devenu si noir et pourquoi êtes-vous plus pâle que de coutume?... » C'est ce que je lui expliquai dans un dessin intitulé *Mon rosier est mort* et paru dans *Le Chat Noir*. Puis comme il m'avait invité, moi, Pierrot, à venir lui confier mes peines, j'allai, chez lui, 7, rue de l'Eperon, lui offrir l'original fait sur papier japon. La servante prit ma carte sur laquelle j'avais cru devoir écrire simplement — Pierrot —. La bonne revint à la porte mais avec Mme de Banville qui me regarda avec effroi ! Enfin ayant insisté, certainement avec gentillesse, je fus conduit auprès de Banville qui, apprenant mon nom, me reçut en riant. Il m'expliqua que les difficultés pour franchir son seuil étaient justifiées par le nombre incroyable de pierrots qui avaient répondu à son imprudente invitation : — « Une vraie neige, mon cher enfant, la rue de l'Eperon en était toute blanche ! mais c'est bien vous, Pierrot, que j'attendais. »

Ah Banville !... Salut, maître !... Avez-vous eu du plaisir pour le soin que je prends quand je passe, en futur voisin, d'arroser vos rosiers, et pour les petits drapeaux que j'y ai piqués au lendemain de la Victoire de la Marne ?...

Au Chat Noir N° 1, la Dame de Pique n'était pas courtisée, et c'était l'étonnement pour les gens qui y entraient, par aventure, faire une partie, d'apprendre qu'il n'y avait aucun jeu à leur disposition. — « Mais voici un jaquet !... donnez-nous-le, garçon !... » dit l'un d'eux qui avait vu effectivement la boîte de ce jeu contre la fenêtre, et sur laquelle dormait toujours la seule chatte blanche du cabaret. Le garçon impassible obéit et dépose, sur leur table, le jacquet demandé ; les joueurs avides des émotions du jeu de jacquet, ouvrent celui-ci et au lieu de pions, y trouvent le

---

(1) Après le décès de Rodolphe Salis, la vente des dessins, tableaux et vitraux a été faite sans publicité ! Absent de Paris, je n'en fus pas averti, malgré une promesse formelle.

L'âne Rouge malade...
consultation de trois vétérinaires.
va mieux aujourd'hui.

torchon plein de pétrole avec lequel, tous les matins, on nettoyait les tables de bois !

Pourtant le second Chat Noir a eu, sur le premier, cet heureux avantage de la présence de femmes jeunes et charmantes qui a tant fait défaut, hélas à celui-ci ! Mais si, à part quatre ou cinq impavides clientes telles que la si joyeuse Totote (du Second Empire), le Fiacre jaune, Jeanne Lorgnon, le Sphinx, Marie Krisinska et Christiane, une payse de Salis qui devait être mon lot, la fréquentation du Vieux Chat Noir était trop pénible pour la femme élégante qui suivait la mode incommode de ce temps. En effet, cette mode de la démesurée tournure exigeait, pour la femme qui en était affligée, une trop grande place et puis, et puis... qu'on veuille bien m'excuser de ce vilain détail pourtant de la dernière importance, le lavatory du cabaret était grand comme la moitié d'une guérite et aussi odieux que celui de notre lycée ! On en sortait comme si qu'on aurait épluché des oignons !... D'ailleurs, à la plus belle femme trônant sur son banc, le cabaretier-gentilhomme préférait trois ou quatre bons buveurs bien tassés, bien serrés comme il savait y faire.

Lui-même n'était pas plus propre que son lavatory : un jour, lui ayant raconté un séjour que nous venions de faire au Quartier latin où il n'avait pas laissé de bons souvenirs, il nous demanda inquiet si, par exemple, au Cabaret du Furet tenu par cette brave Elise, on l'avait chiné. Alors blaguant — « Devant nous ?... penses-tu ?... non, c'est plutôt dans ton commerce qu'on te critique... » — « Ah !... Et que me reproche-t-on ? » — « De cracher dans les bocks que tu sers !... » [1].

— « Mais oui, mon vieux, me répondit Salis, inconscient de cette « lâcheté dégoûtante, mais oui, je crache dans le bock des goujats qui me « le commandent dédaigneusement. »

Le garçon servait, mais c'était Salis qui tirait les bocks, la pompe à bière se trouvant cachée derrière le comptoir.

(1) Ce fait répugnant a été déjà rapporté par Léon Bloy.

«... Le Chat Noir a été une époque plutôt mélancolique ! » a écrit encore récemment le charmant romancier Edmond Deschaumes, qui remplaça Victor Rey comme secrétaire du *Chat Noir* journal.

LES CHANTS

Et il a dit vrai, le camarade. Mais le soir, on oubliait les difficultés et le travail de la journée : nous chantions tous, en chœur, des chansons qui étaient, de préférence, des chansons de la vieille France — *La Femme du roulier* — *Le pauvre Cantonnier* — *Aux Oiseaux* — *La Chapelle de Saint-Cloud* — *Simone* — *Voici la Noël* — *Je ne suis pas si vilaine avec mes sabots, dondaine* — *Le Grenadier de Flandre* — *A Gennevilliers* — *Je me suis t'engagé* — *De Terre en Vigne* — *Le 31 du mois d'Août* — *Les Matelots de Croix* — *Chantons pour passer le temps* — *La ballade de Ronsard* — *Les Cloches de Nantes* — *Le p'tit Quinquin*, et tant d'autres encore qui faisaient la joie de nos pères.

A vrai dire, c'était l'entrain de l'atelier qui se continuait au cabaret. Comme je l'ai dit, plus haut, personne n'est plus mélomane que le peintre, qu'il soit en bâtiment ou en tableau. Souvent les Anglais, lorsqu'ils étaient amenés par l'agence Cook pour visiter l'Ecole des Beaux-Arts, entendant chanter de tous les côtés, croyaient à une méprise de leur guide qui les aurait conduits au Conservatoire ! D'autant que les élèves méridionaux chantaient toujours « la Grande Opéra » !

C'est, voyez-vous, la peinture qui veut ça. Tenez voici, justement, un passant qui s'arrête devant la vitrine d'un marchand de tableaux... approchez-vous de lui, en faisant semblant de regarder la peinture qu'il contemple et vous ne tarderez pas à l'entendre siffloter ou chantonner, ça ne rate jamais. Il y avait pourtant au Chat Noir numéro un, déjà quelques chansonniers dont l'un connu, bien avant sa fondation, et qui devait être le précurseur honoré de cette belle pléiade des chansonniers Montmartrois : j'ai nommé Jules Jouy. C'est nous qui avons eu la primeur de la plupart de ses chansons — *Sur le bi du bout du banc* — *Mademoiselle, écoutez-moi donc* — *Derrière l'Omnibus* — *La Terre* — *Ils n'ont pas de parapluie* — (les hommes d'armes qui ornent le toit de l'Hôtel de Ville) — *Le Pape errant* — ou *Saint-Pierre a le dernier mot*, sur l'air du Juif errant :

> Ah ! c'est toi, Léon XIII
> Pontife des Chrétiens,
> Tu peux, ne t'en déplaise
> Retourner d'où tu viens :
> Nous n'avons, Dieu merci,
> Pas un seul Pape ici !

Un autre chansonnier, fort brave homme, gueulait, avec enthousiasme, des poésies de cet autre bon chansonnier Montmartrois, J.-B. Clément, qu'il avait mises en musique... du moins il le croyait naïvement. On n'avait qu'à lui demander *Le Ressemeleur*, c'est-à-dire *Le Semeur* de J.-B. Clément, et aussitôt ce brave ancien chasseur à pied se mettait à hurler avec conviction :

> Est-ce bien vous, corbeaux voraces,
> Oiseaux sans bec et sans plumes
> Qui ne faites rien de vos *dix doigts*...

Ah ! pauvre vieux Marcel, c'est en chantant — « Traderi lon la, je sème du blé... » que nous aurions dû, l'an dernier, te conduire à ce champêtre cimetière Saint-Vincent où repose, lui aussi, loin « de la trépidation excessive des trains » [1] notre cher poète Paul Marrot !

Jules Jouy faisait contraste avec ce tonitruant Béranger, il disait plutôt qu'il ne chantait, mais avec une grande finesse, ses compositions si dignes d'être populaires.

Comme on ne jouait pas au Chat Noir et que Jules Jouy aimait les cartes et les cabots, il allait dans les cafés de la Porte-Saint-Denis retrouver les unes et les autres. Et il nous en amenait, de temps à autre, de ces braves cabots de café-concert, mais ils n'étaient pas dans la note. Ainsi de celui-là qui nous chanta d'une voie sortie du nez :

> Des p'tits, des p'tits navets
> Pour mettre dans les p'tits, les p'tits jardinets !

Nous n'avions pas de pommes cuites sous la main, mais nous la lui avons tout de même fermée. Non découragé, Jouy nous en amena un autre, et lui qui était si malheureux et qui devait bientôt mourir fou, c'est à ce cabot de boui-boui à qui il donna, ce soir-là, la main de la Fortune !

---

[1] « La trépidation des trains jette des désirs fous dans la moëlle des reins. »

Ce chanteur à la voix claironnante composait des choses dans ce goût :

> Ohé, ohé Ursule,
> J'ai le cœur qui me brûle !
> Pour éteindre ce feu,
> Il me faudrait eune pompe,
> Eune pompe à vapeur !

Mais, nous ayant entendu chanter la chanson de Raoul Ponchon *La Communarde*, hymne de nos ateliers :

> C'était au temps des Versailleux
> C'est elle-même qui commandait le feu.
> Elle est tombée la gueule ouverte
> Allons prendre une absinthe verte
> A Montmertre !

Ce chanteur, Aristide Bruant... saisit le joint et mit tout le plan de Paris en musique « *A Batignolles* », « *A Montparnasse* », « *Aux Epinettes* », « *A la Glacière* », « *A Ménilmontant* », « *A Belleville* »... A Chaillot !... le misloque ! Il avait trouvé sa voie et la popularité ! Seulement il avait le tort de faire la quête, après sa chanson, comme dans un beuglant de province, et de tendre sa soucoupe à ses nouveaux camarades pour la plupart peu argentés, et cela était également compromettant pour eux qui apportaient bénévolement leur concours. Cet heureux Chat Botté est devenu un propriétaire richissime :... mais je m'arrête à l'instant pour plaindre et saluer ce malheureux fortuné en venant d'apprendre que son fils est tombé glorieusement pour la France !

Un autre chansonnier, bien que ne l'étant qu'exceptionnellement, était Camille de Sainte-Croix, tout jeune et très lettré, un énergique celui-là ! Ah que nous aimions chanter sa belle *Mignonnette* :

> Mignonnette, écoute, je veux
> Me tresser, avec tes cheveux,
> Si tu meurs... si je te regrette,
> Un grand bonnet d'un blond cendré
> Et pour ornement, j'y coudrai
> Tes ongles roses en aigrette !
>   Tra la la la !
>   Tra la la la !

Ou bien encore sa si désespérante berceuse de l'infâme lycée :

> La lampe vacille au plafond,
> Le pion toussotte à faire peine,
> Parmi les parfums de l'haleine,
> L'odeur des hardes se confond !
> Sous leur couverture de laine,
> On ne sait pas bien ce qu'ils font,
> Ces blondins, plus d'un se démène,
> En poussant un soupir profond.
> Le pion toussotte à faire peine,
> La lampe vacille au plafond !

Ah ! cher Sainte-Croix, que tu l'as donc bien exprimée la tristesse de l'internat, toi si robuste et si plein d'énergie !

Une douce et jeune Polonaise, Marie Krysinska, horriblement myope, mais musicienne exquise, avait mis très heureusement en musique certaines des poésies tirées du si précieux « Coffret de Santal », de ce poète savant qui a eu la première idée, parfaitement, et avant Edison, du phonographe, — Charles Cros.

Le poète Marsolleau, aujourd'hui Figariste, mais alors presque un enfant, cultivait aussi la chanson du genre gracieux.

Mais avec Jules Jouy, Georges Fragerolles, compositeur rubicond et à la voix puissante, était le chansonnier attitré du Chat Noir N° 1. Il chantait, en s'accompagnant lui-même, du Jean Richepin — *La Noël* — *Les bains à quatre sous* — *Le Cordier*, et des chants patriotiques écrits par Paul Marrot et d'autres Chats Noirs.

Pendant un séjour qu'il fit, vers cette époque, à Paris, et après avoir débuté au Quartier Latin, chez les Hydropathes présidés par Emile Goudeau, l'ermite de Fresselinne, Maurice Rollinat, poète musicien, vint au Chat Noir chanter, en s'accompagnant lui-même, ses chants rustiques ou macabres. Il lisait non moins admirablement de l'Edgard Poë et du Baudelaire, ses auteurs préférés. Nous l'écoutions, ravis d'horreur, mais sitôt après le départ du funèbre poëte et revenus à nous, avec quelle joie, nous reprenions en chœur « La pauvre femme, c'est la femme du roulier » ou *La Chanson des peintres*, de Charles Cros, ou la fameuse chanson qui avait fait mettre, par le Pouvoir, le pauvre Chat Noir à l'index :

> Elle est sauvée notre Sainte République
> Allons Français, n'ayons tous qu'un seul cri
> Pour acclamer Grévy le jurassique
> Crions Français, crions : Vive Grévy !

V'LA LE CHOLÉRA

Nous avons eu sur le trône de France,
Des maréchaux, des rois, des empereurs,
Tous ces gens-là barbotaient nos finances.
Il n'en faut plus, Français, n'y a pas d'erreur !
Grévy fait r'naître nos cœurs à l'espérance,
Il est intègre et joue bien au billard,
C'est tout ce qu'il faut pour gouverner la France.
A ce jeu-là on n'perd pas cinq milliards !

. . . .

Tous les dimanches comme l'usage le comporte
Toutes ces dames descendent au Grand Salon.
C'est Duhamel qui reçoit à la porte
Et celui-là sait tenir une Maison !

LES F∴

Et l'infortuné cabaretier, sur des ordres donnés à la police, écopait, à tout instant, de contraventions plutôt arbitraires. Croyant pouvoir échapper, par ce moyen, à cette persécution, ce malin qui n'avait aucune foi politique ou religieuse, se fit recevoir Franc-Maçon !

Mais si l'affaire ne fut pas mauvaise pour la sécurité du cabaretier, il n'en fut pas de même pour le cabaret menacé de devenir une succursale de la Loge, et nous fûmes bien près d'en être expulsés pour cause de « travaux » ! Et en effet les F∴ ne tardèrent pas à nous envahir, mais nous les recevions, nos mouchoirs en tablier et en chantant du Béranger :

Hommes noirs d'où sortez-vous ?
Nous sortons de dessous terre
Moitié renards, moitié loups.
Notre règle est un mystère !
Français, nous rentrons, songez à vous taire,
Et que vos enfants suivent nos leçons !

Réception, qu'à l'instar de M. l'académicien Pet-de-Loup, lors de son discours de réception à M. Maurice Donnay, ils traitèrent de turlupinade et de carnaval Chatnoiresque. Mais l'un d'eux, un brave homme pourtant, le F∴ Ganier que nous appelions « L'Angora gris-perle » à cause de sa longue chevelure argentée, nous ayant assommés de chansons politiques dans ce genre

> Mon pauvre Duclerc [1]
> Tu es un frère, je ne dis pas non.
> Mais la loi parlementaire
> Que nous possédons voudrait
> Que de l'Extrême-Gauche
> Tu prisses au moins un quartier !
> Ton œuvre n'est qu'une ébauche !
> Si ça n' fait pas suer
> Si ça n' fait pas suer !

Nous nous révoltâmes et firent subir à ces F∴ Emm∴ tant d'épreuves, qu'ils retournèrent à leur chantier.

Les chants alternaient avec la musique instrumentale dont les généreux exécutants étaient les violonistes Paul Viardot et le petit Colophane, l'érudit compositeur Charles de Sivry, Villiers de l'Isle-Adam qui cherchait, de temps à autre sur le piano, quelque étrange mélodie, le pianiste italien Panioti... la terreur de Salis, les pianistes Roche, le violoncelliste Tolbecque, Faucher, organiste à Saint-Roch, des mandolinistes et le cythariste Delougne.

LES POÈTES

Le vendredi, et plus tard le mercredi, était le jour littéraire consacré à l'audition des poètes du lieu et d'ailleurs. Les plus assidus étaient — Emile Goudeau, Fernand Crésy, Edmond Haraucourt, Paul Marrot, Ogier d'Ivry, notre Déroulède, Paul Roinard, Jean Rameau, Félix Decori, Gaston Sénéchal, Armand Masson, Jean Moréas, Marsolleau, Georges Lorin, Charles Cros, Maurice Rollinat, etc., Georges d'Esparbès, lequel alors tout jeune homme disait avec enthousiasme ces vers moyenâgeux :

> — ... Il avait trois haches et trois épées... eux
> Et la dame lui dit : « Passez votre chemingne ! »

d'une pièce où il s'agissait d'un chevalier désireux d'épater une châtelaine, et que nous disions tous en chœur avec le poète, en y mettant aussi l'assent.

Le Chat Noir a eu encore ce mérite de ne pas se laisser influencer par la mode naissante qui était alors celle du naturalisme. Le succès de *L'Assom-*

---

(1) Alors Président du Conseil.

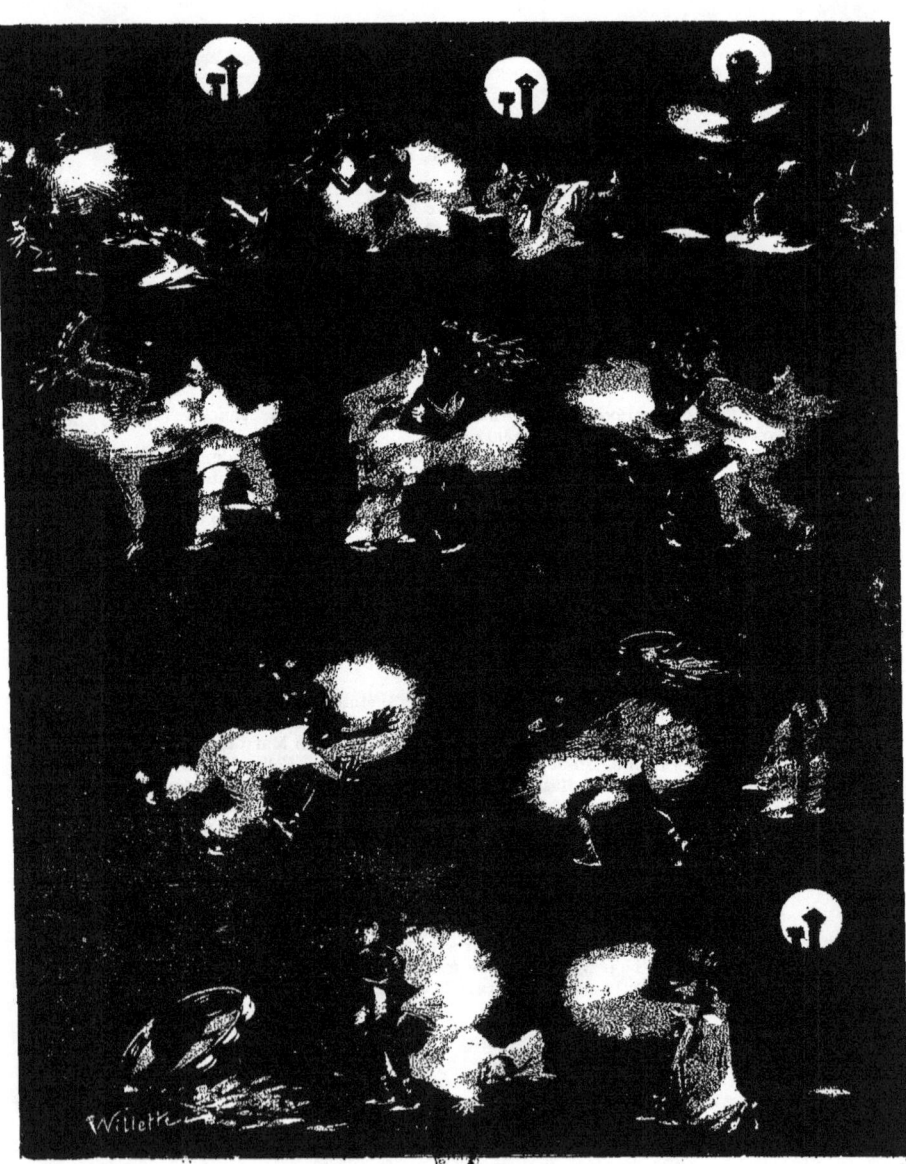

VA-T'EN, CHOLÈRA!

moir, de Zola, n'eut pour conséquence, à Montmartre, que la rigolade d'un bal passager appelé la « Fine gouape » où des peintres et leurs amies allaient déguisés, les uns en marlous, les autres en pierreuses. Ce succès dégueulasse inspira aussi, à quelques écrivains du journal *Le Chat Noir* l'idée d'y écrire « à la manière de... » Le peintre Signac en faisant du Zola, dans ce journal, a été le désopilant précurseur de Paul Reboux et Muller.

Ah ! la délicieuse et rare collection que celle de ce petit journal Montmartrois, alors tiré à onze cents ! Elle n'a pas vieilli, elle, comme ce fameux *Nain jaune*, lamentable organe du Boulevard du temps de l'Empire.

Si le cabaret et le journal aussi indépendants que le gracieux animal qui leur servait d'emblème a subi quelques influences, ce furent celles de Baudelaire et celle d'Edgar Poë, surtout lors du passage du macabre Rollinat. Il faut ajouter aussi que *Le Chat Noir*, sans être anarchiste, était, sinon hostile, du moins indépendant vis-à-vis de l'Elysée, dont les familiers ne nous témoignaient aucune tendresse... bien au contraire [1].

L'INSTITUT

UN CERCLE D'ESCRIME

Au fond du cabaret, Salis, dès le début, avait réservé pour les intimes et la Rédaction, une petite salle qu'on appela « L'Institut »; mais elle ne tarda pas à être accaparée par les ceusses qui s'arrogent le droit d'entrer partout où ils ne sont pas invités. C'étaient quelques boulevardiers douteux, plus piliers de tripots que de rédactions, qui venaient nous troubler sans sympathie. Maîtres absolus de l'Institut, ils imaginèrent de fonder un cercle d'escrime !... un cercle d'escrime au Chat Noir où oncques je n'avais vu une querelle ! L'un d'eux, manière de demi-solde, car il était officier réformé, et qui avait l'unique gloire d'avoir été envoyé par *Le Gaulois* au couronnement du Czar, me chercha noise, jaloux qu'il était de savoir que je faisais le portrait d'une jeune dame qu'il visait. Après avoir mordu Salis qui voulut nous séparer, il me provoqua en duel. Pierrot allait donc ferrailler !... Pourquoi pas plutôt aux Folies-Bergère, comme les Hanlon Lee, pensais-je tout en me rendant le lendemain au Vésinet.

(1) M. Adolphe Tavernier, représentant de Monaco auprès de la Presse et familier de l'Elysée-Grévy, dont mes camarades et moi avions gracieusement illustré *l'Art du Duel*, malmena *Le Chat Noir* dans un article indigné, pour venger... « tous les Grévy »! L'affaire Wilson devait lui donner tort, et raison au *Chat Noir*, comme au *Courrier Français*.

PREMIER DUEL

En descendant du train, suivant l'exemple de mon adversaire et de ses témoins, je montai avec les miens dans un de ces landaus pour noces ou... « Ne pourrait-on pas aller plus vite ? » dis-je, impatient de cette farce lugubre à mon témoin assis en face de moi. Et, en effet les voitures allaient au pas. Mon témoin, après s'être penché à la portière, se rassit en me regardant d'un air gêné. Je me penchai, à mon tour et je vis que nous suivions un enterrement de première classe (celui d'un sieur Godillot comme je le sus dans la suite), qu'il était impossible de dépasser.

Enfin nous parvînmes dans un petit bois et mîmes habits bas et l'épée au poinguę ! Après la première passe, je plantai fièrement mon épée en terre... pour me moucher, aussitôt mon témoin et confrère Franck Bail s'élança et me dit — « Ça ne se fait pas, mon vieux, pense donc, on les a flambées ! » et il essuie, à son manteau, l'arme ternie par la terre. A la seconde passe... touché !... ce n'était pas malin ! je suis touché « à la face externe de la cuisse droite » déjà le docteur, mon cher Franckel s'est élancé et veut voir ma blessure mais... je ne veux pas me déculotter parce qu'une jeune laitière, vraie Perrette au pot au lait, plantée sur le chemin me regarde en souriant ! Réconciliation, pour moi, aussi fâcheuse que le combat, car le vainqueur a été reçu par la dame qui a vendu mon portrait inachevé plus un éventail que je vois, de temps à autre, apparaître à certaines vitrines... J'ai été bien content de n'avoir pas été éborgné par ce louftingue, mais j'ai regretté mon modèle qui était si joli, surtout quand il faisait avaler des épinards à Kiki, son chien-mouton aussi noir que ses cheveux !... Ah mon pothuau ! Quelle histoire !

C'est devenu une banalité de blaguer les résultats négatifs des duels, cependant qu'on déplore encore la mort d'Armand Carrel tué par son hideux confrère Emile de Girardin. Non, le duel n'est jamais une rigolade et s'il est plutôt bénin, chez les hommes politiques qui se battent, comme au théâtre, pour la galerie, il a été souvent tragique quand c'étaient des écrivains et même des artistes qui se battaient entre eux. C'est ainsi que nous avons eu à déplorer la mort de Robert Case, bon camarade et écrivain de talent, de ce gentil garçon déjà père de famille Harry Allis et d'un pauvre peintre Dupuis. Encore un des nôtres, Edmond Lepelletier fut fort navré par un matou du Chat Noir, un musicien ! et notre ami Baude de Maurceley, dans son duel avec Parisel, gouapeur de deux mètres de haut, ne dut son salut qu'en blessant son terrible adversaire. Les géants finissent souvent mal ; Parisel mourut dans son lit asphyxié par un bec de gaz !

Malgré mes idées sur le duel, je devais retourner sur le terraingne, cette fois pour la cause des pompiers de Paris ! Mais une troisième fois je perdis

LE DU

LE DUEL

patience et je flanquai une volée à mon insulteur, rédacteur de la *Revue décadente* ; celui-ci courut, en chialant, me cafarder chez le commissaire de la rue Rochechouart qui me transmit la résolution de ce malpropre de maintenir sa plainte dans le cas où je lui refuserais satisfaction. — « Bon, que j'dis à mon ami Bénézech, qu'il se hâte de m'envoyer ses témoins pendant que je suis encore en train ! »

Voici la réponse que je fis à une enquête sur le duel qui me fut demandée dans *La Revue de l'Education physique*, du 31 juillet 1904.

« Le duel a-t-il été et est-il encore le jugement de Dieu ? — Quelle erreur !

« Sa conclusion trop souvent fatale, est-elle la sanction de l'opinion publique ? — Rarement.

« A une époque qui n'était raffinée qu'en art, les gentilshommes
« portaient l'épée qu'ils tendaient aussi fréquemment que leur chapeau
« et ils croyaient trouver, dans le duel, la réhabilitation de leur fierté,
« eux si plats devant les grands, devant le Roi.

« Le duel était alors logique, mais il n'avait aucune garantie de loyauté.
« Voir les gravures qui accompagnent le texte des traités d'escrime des
« XVIIe et XVIIIe siècles — croc-en-jambes, lanterne dissimulée sous le
« manteau et brusquement mise sous le nez de l'adversaire, chapeau ou
« manteau jetés à la tête, enfin tous les coups de traîtrise, sont non seu-
« lement autorisés mais enseignés !

« Sous la Restauration le duel était devenu le passe-temps d'anciens
« militaires, et a donné naissance au type charmant de Ratapoil, qui a
« inspiré à Georges d'Esparbès ce livre atroce, *Les Demi-soldes*.

« Joseph Prudhomme, dont la fortune remonte à la guillotine et aux
« noyades de Nantes, est devenu élève de Gâtechair et parle en même
« temps d'affaires et d'honneur ! Cet impitoyable poltron des journées de
« juin, ce cruel répresseur de la Semaine de Mai a remis l'escrime à la mode,
« et si vous lui reprochez de vendre de la sale camelote, vite il jette son
« riflard et court louer des flamberges pour les mettre au ven...tre Saint-
« Gris !...

« Démodé le duel ! promiscuité forcée, relations d'affaires à la Boche,
« immense agglomération, la poignée de main devenue un geste machinal,
« mais difficile à refuser. L'automobilisme rend la classe privilégiée insen-
« sible à l'insulte... « Ah la vache !... gredin !... » pas l'temps de se fâcher,
« on avale l'outrage avec les kilomètres.

« Le point d'honneur est donc resté chez ceux qui, comme autrefois
« les nobles, se font gloire d'être oisifs, les souteneurs ! mais hélas, à ceux-ci,
« seuls, sont appliqués les lois sur le duel !

« Suppression facile du duel, grâce à l'anglomanie : comme en Angle-
« terre, réparation par l'argent ! Par conséquent plus de don Juan, plus de
« Bel ami, plus de calomniateurs ; on est plus avare de son argent que de
« son sang, en France ! »

LA VIERGE VERTE (MON PREMIER VITRAIL)

Grâce à la générosité de mon ami le chansonnier Jacques Ferny qui s'en était rendu acquéreur à la vente du *Chat Noir* et qui s'en est dessaisi gentiment en ma faveur, je possède encore le carton du premier vitrail que Salis me demanda, un jour, de lui faire, *gracieusement*, pour la devanture de son cabaret. Ce carton représentait une femme, de notre temps, aux cheveux d'or, aux yeux de chat et dont le cache-poussière, alors à la mode, était parsemé de hannetons d'or. A sa ceinture, était passé un lis — *La Vierge verte* — c'était bien elle, tenait au-dessus de sa tête un chat noir en furie.

Ce n'est certes pas la passion de l'absinthe qui m'inspira cette composition ; car ayant une seule fois goûté à cette liqueur fatale, j'en fus heureusement dégoûté pour toujours.

Salis, Rivière et moi nous portâmes ce carton à grandeur d'exécution chez le *vitrarius* Ponsin, qui habitait avenue de Villiers. Nous fûmes reçus par le maître verrier, lui-même, un bon gros barbon revêtu d'une soutane noire très impressionnante. Ayant considéré, d'un œil torve, mon carton, il dit — « Vous n'aviez pas besoin, monsieur Salis, de m'apporter ce carton, qui est d'un genre trop moderne pour le vitrail... j'ai des artistes qui auraient fait très bien ce travail. » Et il nous montra comme spécimens indiscutables, des cartons qui représentaient des lansquenets inconsciemment indécents. Il nous fit voir aussi, en nous reconduisant, des lions minuscules, en bronze ciselé, placés derrière les portes pour en arrêter le heurt. — « Des lions derrière les portes !... m'écriai-je, en voilà une idée ! » — « Et que mettriez-vous donc à la place, mon p'tit monsieur ? » me dit-il vexé. — » Des souris, *Monsieur le vitrarius* ! » lui ai-je répondu. Alors lui de s'esclaffer — » Ça, c'est encore du Chat Noir ! »

Nous avons eu maintes occasions d'observer que, toutes les fois qu'il nous échappait, devant *les hommes sérieux*, une remarque frappée au coin du bon sens, tombait ce mot-couperet — « Ça, c'est encore du Chat Noir ! »

C'était couru et ça l'est encore ; nous n'étions que des rigolos, des fumistes. [1]

Toutefois mon carton fut exécuté assez fidèlement, et, mise en place, la *Vierge verte* fit avec succès, le Boulevard... Rochechouart.

Tiens, pendant que j'y suis, après le funambulesque *vitrarius* Ponsin, je m'en vais, du même coup, liquider cet autre grand verrier, M. Champigneulle, auquel je devais avoir affaire, trois ans plus tard, au sujet de mon

---

(1) En cela, ces Messieurs de l'Institut et ceux du Futurisme s'accordent pour nous juger tels... ce qui n'est pas pour nous affliger.

carton pour le vitrail *Le Veau d'or*, qui remplit la grande baie du Chat Noir de la Rue Victor-Massé.

J'avais peint ce carton à grandeur d'exécution en indiquant jusqu'à la mise en plomb, et Salis en avait confié l'exécution sur verre à M. Champigneulle sous la condition que je viendrais surveiller cette exécution ; et je n'y manquai pas. La première fois que je me rendis, à l'atelier sis rue Notre-Dame-des-Champs, je trouvai le travail avancé ; mais l'ayant jugé par trop différent du carton, j'en fis, avec politesse et ménagements, l'observation aux artistes de la maison qui en étaient chargés. — « La recherche d'un modelé consciencieux vous a fait, messieurs, assombrir et alourdir la jupe de cette danseuse de l'Opéra, jupe que j'ai voulu blanche et légère. Pour obtenir ce double résultat, j'ai demandé à cette place du verre dépoli, et il est visible, d'après mon carton, que chaque pli de la jupe se trouve naturellement modelé par la mise en plomb. Si mon travail vous paraît insuffisant, ne vous inquiétez que de le reproduire, tel le tailleur chinois qui refaisait un pantalon européen en y mettant jusqu'à la tache d'huile dont le modèle était souillé. D'ailleurs, moi, seul, suis responsable de ce vitrail, qui doit porter ma signature. » Ces braves verriers qui travaillaient plutôt comme de sages lithographes m'ayant laissé parler sans répliquer, je m'en allai, pensant les avoir convaincus. A ma seconde visite, je me butai à un employé qui me prévint que M. le Directeur me priait de passer à son bureau.

J'y allai et, malgré mes vingt-huit ans, j'y trouvai un accueil qui me rappela celui de mon ancien proviseur alors qu'il voulait me laver la tête ! — « Ah ça, monsieur, me cria cet usinier décoré comme artiste, vous ne pensez pas, lorsque vous retardez, en le troublant, le travail de mes artistes, que j'ai un dédit à payer, à votre patron Salis, si je ne lui livre pas, en temps voulu, cette maudite commande ?... » — « Je vous ferai observer, monsieur, que le travail que j'ai fait effacer, parce que superflu, n'est pas à recommencer, que l'exécution du vitrail ne saurait de ce fait, être retardée et qu'autant que la mienne, la seule préoccupation de M. Salis, est celle de sa réussite... » — « Eh bien, interrompit cet homme aimable, faites-le donc, vous même, ce vitrail ! Votre genre n'est pas celui de ma maison, et je n'aurai garde d'y apposer ma signature ! »

C'était plutôt dur à avaler, mais je m'inclinai, sachant qu'il n'y avait pas d'autre maison susceptible de me donner la joie de la réalisation. Mon ami Laumonerie, un verrier dans la tradition celui-là, ne devait s'établir que bien longtemps après. Alors, aidé de mon jeune mais habile confrère Henri Rivière, je me mis à ce travail, pour moi si nouveau, et je le menai en l'état qu'on a pu constater.

Dans l'atelier, au-dessus de ma verrière en train, se trouvait à demeure, par extraordinaire, une copie d'une petite rosace de la cathédrale de Chartres représentant un chevalier du XIe sur un cheval blanc. Un jour que

M. Champigneulle faisait voir ses verreries à une dame cliente, et celle-ci s'étant arrêtée net devant mon vitrail, il dit, avec le sourire d'un chef de rayon — « Oh ça, ce n'est pas du travail de la maison, c'est de l'Ecole du Chat Noir ! » — « Vous faites erreur, monsieur, répliquai-je, il n'y a pas d'Ecole du Chat Noir ; pour l'art du verrier, notre Ecole, la voici ! » et je désignai la rosace de Chartres. — « Ça, reprit-il, mais c'est de la naïveté ! »

Ce vitrail *Te Deum*, qui est celle de mes œuvres dont je suis le plus fier est allé rejoindre... là-bas... le *Parce Domine* et le portrait en pied de mon père en officier invalide, que je n'ai pas vendu.....

Peu de temps après, j'eus à décorer d'un vitrail toute la façade d'un grand café *A la Palette d'or*, rue de Rivoli ; mais pressé par son ouverture, je n'ai pu faire qu'un carton assez réduit et n'ai pas mis la main à son exécution. Le détail de la porte d'entrée représentait un cuirassier vainqueur essuyant sa latte ensanglantée, cependant qu'il est embrassé par une Alsacienne !... Ah le bel art que celui du verre !... Il nous donne un avant-goût des joies du Paradis ! Et comment se fait-il que les architectes fervents du « modern'style » alors que, sur la façade des maisons, ils ouvrent ces larges baies si propices au vitrail, n'aient pas pensé à une rénovation de cet art ? La brume, dans nos climats, sera hélas toujours moderne, et c'est pourquoi la couleur vitrifiée qui a été trouvée pour en combattre la tristesse peut être du modern'style. Le vitrail est aussi l'art démocratique par excellence : en effet, au contraire du tableau enfermé, visible des deux côtés, il récrée également les gens de la rue.

CHEZ JULES VALLÈS

Voici qu'un beau matin, en entrant au Chat Noir, Paul Arène m'appela à sa table, et me présenta à un monsieur d'aspect quelque peu renfrogné assis à son côté : c'était Jules Vallès.— « Il s'agirait, me dit celui-ci, si toutefois vous sentez le sujet, d'illustrer Jacques Vingtras ? »

J'avais lu ce livre, et on peut penser avec quelle joie j'acceptai. Jules Vallès me fixa alors un rendez-vous, au Café de l'Ambigu, le matin à onze heures, pour de là déjeuner chez lui — « Tâchez d'être exact, me dit-il d'un air sévère, car à ma table, on n'attend pas les retardataires. » Le jour dit, à l'heure dite, j'étais au Café de l'Ambigu, où je crus avoir devancé mon hôte, car je ne le vis pas et l'attendis encore longtemps. Me souvenant de l'inflexible règle de son foyer, je m'informai auprès du garçon qui m'apprit que Jules Vallès ne venait que rarement à ce café, mais il put m'indiquer son adresse que j'ignorais !

La rue Taylor n'est pas loin de ce café et bien qu'ayant couru, je fus introduit dans la salle à manger quand le repas battait déjà son plein !

LE VEAU D'OR
(Vitrail pour le Chat Noir)

Tout en découpant un énorme gigot, Vallès me fit comprendre qu'il ne me tenait pas pour sérieux et assura ne m'avoir jamais donné rendez-vous au Café de l'Ambigu !... Je n'insistai pas et, le nez dans mon assiette, je me rappelais qu'il avait écrit, dans *Jacques Vingtras*, que sa mère lui faisait manger si souvent du gigot, qu'il en était arrivé à bêler... bééh !... Et je songeai... pourquoi donc puisqu'il dit avoir été dégoûté du gigot, en mange-t-il aujourd'hui qu'il est son maître?... « Vous regardez mes peintures, ce sont les seules que j'aime ! » me dit mon terrible hôte s'apercevant que, rassasié, je regardais les images d'Epinal qui ornaient les murs de la salle à manger. — « Monsieur, lui répondis-je, je suis dessinateur et peintre, eh bien si, après cet excellent déjeuner, vous vouliez bien venir chez moi vous verriez, sans doute avec plaisir, que nous avons le même goût ; je dois en effet la gaîté de ma mansarde à l'art d'Epinal ! Et c'était vrai, j'avais, sur mes murs, piqué les chères images de mon enfance auxquelles je dois, pour beaucoup, le goût du dessin ; j'en ai encore la collection !

Le déjeuner terminé, pour prendre le café dans le cabinet du grand écrivain, nous passons dans un vestibule où je vois, dans un beau cadre d'or, le portrait du Maître, grandeur nature, peint à l'huile et portant encore l'étiquette du Salon !... Hé mais !... cette peinture, il me semble, n'est pas d'Epinal !... suis-je sur le point de m'écrier, mais j'ai pu me retenir à temps. Ce portrait est de l'infortuné André Gill auquel Jules Vallès a consacré un article nécrologique aussi dur qu'immérité. Ma réserve n'a pas dû changer la fâcheuse impression que j'ai sans doute produite sur le prince des insurgés, car je ne l'ai plus revu et n'ai plus entendu parler de l'illustration de son livre.

LE " PARCE DOMINE "

Le départ de l'horloger, dont l'échoppe était mitoyenne du cabaret, pauvre bonhomme, lassé de nos brimades et lesté d'une indemnité, a enfin permis à Salis d'agrandir la première salle. Le succès commence à lui apporter de bons résultats, il rayonne et a, pour la première fois, un accès de générosité — « Tiens, Pierrot, je te donne... toute la largeur de mon nouveau mur à décorer, plus deux cent cinquante francs !... ça te va-t-y? » « Ca colle, mon vieux Rodolphe Malice ! » lui ai-je répondu, tout joyeux d'avoir une si grande surface à couvrir. Salis fait tendre la toile sur le mur et incontinent je me mets à l'œuvre, sans esquisse, sans le plus petit projet dessiné. Mais comme il n'y avait pas, dans cette échope, la moindre ouverture, la porte sur la rue étant fermée et Salis n'ayant pas fait abattre le mur du cabaret afin d'assurer ma tranquillité, je fus obligé de peindre, la nuit, avec, pour tout éclairage, une grosse lampe à pétrole dite de panorama. Et déjà le moulin tournait ses bras squelettiques !... Comment, malgré le bruit des chants dont j'ai plus haut indiqué le genre, a pu me parvenir, de ma déjà lointaine et pieuse enfance qu'elle avait tant émue, cette clameur de détresse et d'effroi lancée vers Dieu par un peuple de douloureux... « *Parce Domine! Parce populo tuo!* » qui devait m'inspirer la composition de cette toile? Peut-être bien que, demeurant isolé, au bruit des cris et des rires de joyeux damnés partant de la chaudière qu'était, le soir, le cabaret, j'ai pensé au triste sort qui était réservé à la plupart d'entre nous victimes de l'insouciance?... « Pauvres diables !... il me semble les voir avalant des flammes ! me dis-je en rallumant ma pipe... « As-tu soif, Pierrot ! » me cria une voix qui sortait à fleur du plancher, et je vis, par un trou qu'il venait de faire dans son mur, la tête de Poil Maudit me tendant une énorme chope que je bus d'un trait ! De ce soir, grâce à ce trou qui alla, chaque nuit, en s'élargissant, je fus en relations avec le cabaret et sa pompe à bière, au point que la critique qui me fut faite un jour d'avoir fait une peinture presque monochrome me parut d'autant plus étrange que, pendant le mois qu'exigea ce travail nocturne, je vis toutes les couleurs de l'arc-en-ciel ! Sans compter les trente-six chandelles que, de temps à autre, me faisait voir la blague de mes copains, comme celle d'un feu d'artifice tiré du même trou !

A cause de ma santé chancelante, j'étais à Menton lors de la vente de mes panneaux chatnoiresques, et si la veuve de Salis, Mme R... n'avait pas oublié de m'avertir qu'elle joignait à cette vente *Le Parce Domine*, j'aurais pu m'en rendre acquéreur vu le prix relativement modeste de trois mille francs auquel il a été vendu. Cette œuvre, qui est l'expression de notre jeunesse maltraitée par nous-mêmes et par les autres, se trouve actuellement dans le salon luxueux mais solitaire d'un homme sans cœur et sans amis, le plus chançard que j'aie connu et qui, par conséquent comme marchand, peut l'estimer mais comme homme auquel, dans sa vie, tout a souri, ne peut la comprendre ! A preuve son indigne conduite vis-à-vis de l'auteur de ce mélancolique tableau.

J'ai chez moi, en place d'honneur, deux œuvres d'un confrère qui a été la cause de bien de mes peines, mais elles sont si belles qu'en les contemplant, je ne puis lui en vouloir et que je l'aime toujours !

Certes la vie n'était pas facile à Montmartre, mais elle était sans plaintes lassantes, et plutôt d'apparence joyeuse. Mais quand le cœur en déborde, où déverser le trop-plein de ses peines?... Dans la prière quand on est croyant, dans l'œuvre qui peut être encore une prière quand on est aussi un artiste — *Parce Domine!* — J'aime cette toile parce que j'y vois mon âme aussi en danger que notre jeunesse ! Il me revient, du Moyen-Age, cette légende de la fonte de la cloche parfaite : dans le métal en fusion on jetait toute vive une jeune vierge et son âme captive dans la cloche refroidie, devait donner la vie à celle-ci. L'airain sacré chante et pleure tour à tour comme chantait et pleurait la douce vierge sacrifiée. Il en est ainsi de

l'œuvre d'art dont l'authenticité se reconnaît à la présence de l'âme de l'artiste, et cette âme doit se lamenter quand elle se trouve dans un milieu hostile ou indigne d'elle. Au British Museum de Londres j'ai été ému de pitié de voir ces belles et tristes exilées, les Frises du Parthénon, languir, posées à même sur le dallage du Musée dans une morne lumière ! Au Louvre, je pleure, en contemplant la *Victoire de Samothrace* dans un escalier et *La Vénus de Milo* entourée de banquettes et se silhouettant sur une fenêtre à carreaux dépolis ! Ah si j'en avais le pouvoir, quand reviendrait le temps des cerises, je sortirais toutes ces beautés infortunées, sur la place du Carrousel, pour les rendre au Soleil !... « L'âme des choses — *Anima rerum* ! On dit qu'il n'y a que les Latins pour la comprendre : c'est donc ça que les Boches ne peuvent faire que de l'atroce !

FLUXION DE POITRINE

Enfin j'ai fini et daté ma toile — 1885 — j'ai vingt-huit ans. Mais cette veille et ce surmenage d'un mois m'ont mis sur le flanc. Un matin Colibri ayant vainement frappé à ma porte et prise d'inquiétude, alla prévenir Steinlen qui s'en fut quérir mon frère ; celui-ci m'emmena chez lui et constata que j'avais une fluxion de poitrine. Le frère Docteur me soigna encore de telle façon, qu'enfin sain et sauf, je pus rentrer chez moi... du moins je le croyais ! J'y trouvai en effet du papier timbré dont m'avait, pour un terme en retard, accablé le propriétaire qui se disait artiste sculpteur et qui revenait d'Amérique avec le sac.

SAINT-JOSEPH

Un jeune homme du pays de Quinsac qui était venu, à Paris, pour s'embaucher chez Lavastre, le même qui n'avait pas voulu de moi, avait été si bien accueilli par moi et mes amis qu'il oublia le chemin de l'atelier de décors pour s'installer dans mon atelier et faire de la boueuse peinture de chevalet. Ce garçon, sans aucune instruction, n'était guère espiègle et, facilement irritable, cassait non moins facilement mes chaises de velours, don de ma famille. Comment ai-je pu, durant trois ans, supporter la présence de ce sombre raseur plutôt muet que Quinsac m'avait malicieusement epassé comme il devait encore se débarrasser, en ma faveur, du fou Yégof, autrement dit Heindbrinck ? L'ancien camarade parasite est d'ailleurs devenu millionnaire, officier de la Légion d'Honneur et sera, incessamment de l'Institut... poil au tutu. Adonc ce camarade qui ne m'avait jamais offert de payer la part du loyer de l'atelier venait de faire une assez grande toile, représentant bêtement, en géométral, une rue de banlieue avec au premier plan le rail d'un tramway. Grâce à mes relations, car je l'avais présenté à Cabanel, il fut reçu au Salon. De retour de l'Exposition ce tableau était appuyé contre le mur de mon atelier face à la porte. Un jour que j'étais seul à l'atelier, on frappa à la porte et ayant ouvert, je vis un vieux monsieur très simplement mis — « Monsieur Saint-Galmier?... » — « Ce n'est pas moi, monsieur, mon confrère est absent, puis-je lui transmettre l'affaire qui vous amène? » — « Mais certainement, je viens pour lui acheter ce tableau que je vois là : pouvez-vous m'en dire le prix? » — « Non, monsieur, j'ignore le prix que mon confrère demande de son œuvre mais si vous voulez me confier votre adresse, je lui ferai part de votre désir. »

Au retour de Saint-Galmier, je me précipite joyeux — « Mon vieux, nous sommes sauvés,! Voici l'adresse d'un monsieur qui veut acheter ton tableau ! Que vas-tu lui en demander? »

— « J'en veux trois mille francs ! »

— « Ciel !... Trois mille francs !... nous sommes frits ! mais mon pauvre vieux, tu ne les auras pas ! C'est un homme d'aspect modeste ; demande la moitié, c'est plus sûr ! Dire que moi je viens de faire une toile quatre fois plus grande que la tienne pour deux cent cinquante francs !... »

Il fut inflexible, et le vieil amateur lui répondit qu'il tenait à se rendre acquéreur de ce tableau par la raison que sa propriété se trouvait être représentée dedans, au beau milieu, mais que le prix de trois mille francs était trop élevé et qu'il ne pouvait en offrir que la moitié. Grâce à son égoïsme qui n'était pourtant pas de mise à Montmartre, j'ai eu une fausse joie et je reste sous le coup de l'expulsion !

PAUL QUINSAC

Certainement l'égoïsme ou l'avarice n'étaient pas de mise à Montmartre, où il en était de l'argent comme du tabac, et un jour je fus puni cruellement d'en avoir soupçonné mon cher Paul Quinsac [1]. Tous les matins, armé de mon broc, je descendais dans la cour de notre maison puiser l'eau nécessaire à ma toilette, et, en remontant, j'avais coutume d'entrer, chez mon cher voisin et confrère, faire avec lui un brin de causette. C'était jour de Noël ; déjà maussade à l'idée qu'il me faudrait tôt me coucher, faute de moyens pour réveillonner, j'entrai dans son atelier et la première chose qui frappa mon attention ce fut un joli petit tonnelet qui se prélassait sur la table à modèle ! Au bout de quelque temps, le fin artiste faisant sans doute exprès de ne pas me parler de son aubaine, le soupçon d'avarice me

---

(1) Aujourd'hui Directeur de l'Ecole des Beaux-Arts, à Bordeaux.

"PARCE DOMINE"

Cliché Simoort.

reprit et je ne pus m'empêcher de lui en faire part. — « On t'accuse d'avarice !... ma foi il y paraîtrait, car depuis que je suis ici, tu ne m'as pas encore invité à goûter au contenu de cet amour de tonnelet ! » — « Non vrai, mon cher Adolphe, je n'y pensais pas, mais si ce tonnelet te tente, tu peux bien le boire en entier si ça te goûte ! » Je ne vois pas son malicieux sourire, mais prenant un verre et un tabouret, je m'installe devant le tonnelet décidé à en boire le plus que je pourrai !... « Diable ! c'est du madère !... Bast ! tant pis pour ma teste puisque je ne fais pas réveillon ! »

C'était de bon matin et voilà que vers les onze heures du soir, Quinsac de retour à son atelier, me réveille rudement car, assommé, je m'étais endormi sur son divan. — « Allons, oust ! me dit-il, lève-toi, prends ça — c'était son tabouret de piano —? et viens avec moi ! » Je le suis en pochard docile, dans l'escalier, dans des rues qui montent vers la Butte et j'entre avec lui dans une maison... « Bon Dieu que c'est haut ! » et plus je monte plus j'entends rire ! Enfin je me trouve devant une porte ouverte... bien sûr c'est le paradis... ! je suis ébloui par les lumières et par la gentille réception qui m'est faite, mais aussitôt suivie de stupeur— « Ah voilà Pierrot !... Ah ben, il est joli Pierrot !... un propre à rien, oui ! » Les copains et les petites amies de la Crèmerie faisaient réveillon, ce dont on ne m'avait pas prévenu pour m'en réserver la bonne surprise, et Quinsac le savait, et il m'a laissé me flanquer cette cuite solitaire qui m'a laissé muet et inerte devant tant de bonnes choses et tant ...de jolies choses !... Ah le brigand s'est bien vengé, et depuis je ne puis sentir le madère, même dans les sauces !

Un peu plus tard, Saint-Galmier, ce fâcheux camarade des temps difficiles ayant rencontré ma mère, ne craignit pas de lui dire — « Adolphe ?... mais Madame, je ne le vois plus depuis qu'il fréquente de la mauvaise société ! » Non, mais il ne s'était jamais regardé, *l'innocent* !

D'ailleurs sa sévère allégation ne tarda pas à être justifiée par le fait suivant.

PAUVRE MAMAN !

Un beau jour ma mère me manifeste le désir que je la conduise au cabaret du Chat Noir pour voir mon *Parce Domine*. J'ai la précaution de l'y mener à l'heure où il n'y a personne, pas même Salis, c'est-à-dire de une heure à deux heures. En effet nous sommes bien seuls ; voici ma mère assise devant mon tableau que je suis heureux de lui expliquer quand, tout à coup, la porte s'ouvre avec fracas et je vois, avec terreur, arriver sur moi, en trombe !... en tromblon... le colonel Lisbonne !... — « Salis n'est pas là ?... » « Je viens de recevoir une claque d'un Versaillais en retraite... là-bas... au bureau de tabac de la rue Clignancourt !... Tu vas, avec Salis, me servir de témoin ! Je m'empresse de lui dire que Salis est à la campagne et je l'engage à aller, à la Nouvelle Athènes, racoler d'autres copains.

Le citoyen colonel sorti, je me tourne lentement vers maman dont la chère figure est toute décomposée. — « Tu connais le colonel Lisbonne !... Vous vous tutoyez !... toi, le fils du colonel Willette !... ton ami Saint-Galmier a raison... en quelle société vis-tu !... » Comment expliquer à la pauvre femme que Lisbonne n'est pas mon ami, qu'il tutoie tout le monde, que cet homme vraiment drôle n'est certes pas la fine fleur des pois, mais que nous le tolérons parce qu'il a été brave... la maman toute navrée ne veut rien savoir et seule, reprend tristement le chemin de l'Hôtel où dort l'Empereur, gardé par son mari, le colonel Willette !

SAISIE

Je viens de recevoir le papier m'annonçant la saisie ; c'est couru, je vais être expulsé — « Mais tu travailles, me dit Quinsac, tu as travaillé pour Salis, pourquoi ne te fais-tu pas payer ? » — « Il m'a déjà donné cent francs et comme je ne l'ai pas revu depuis un mois, ça m'embête de lui demander le reste qui est de cent cinquante francs. » Quinsac indigné, en bon copain, alla trouver Salis, et je touchai mon reliquat. Mais le proprio était intraitable ; je ne pus éviter mon expulsion et la vente du peu que je possédais. All right ! ce vautour devait être Boche ! En tout cas, son geste eut une funeste influence sur ma destinée.

LE PHALANSTÈRE

Me voici sans domicile, quand je rencontre Léon Riotor[1] et George Auriol ; tout en causant, l'idée nous vient de fonder un phalanstère et je vais habiter, avec eux, à l'hôtel du Delta, place du Delta. Tous nos biens sont mis en commun, et les meubles riches qui garnissent les chambres riches sont, pendant que les domestiques les font, montés dans les nôtres trop modestes ; nous possédons ainsi un prie-Dieu ! Nous avons aussi une petite cuisine, mais sans cuisinière. Un matin, en rentrant au Phalanstère je sens l'odeur d'une popote et aperçois une bergère la préparant ! Cette femme ou plutôt cette jeune fille, avec une grosse natte blonde dans le dos, est revêtue d'un peignoir de soie vert hurleur ! Je m'informe auprès de mes frères et j'apprends que c'est une réfugiée, une malheureuse victime de la traite des blanches qu'ils venaient de délivrer d'une certaine maison du boulevard de

(1) 1918. — Vient d'être nommé au Front, chef d'escadron !

LA VEUVE DE PIERROT

Collection de Mlle Desaille.

la Villette ! Nous devons incessamment l'habiller, de façon à ce qu'elle puisse, sans scandale, aller aux commissions ; mais cette sauvagesse disparut, je crois, peu de temps après.

J'avais demandé à Salis de me laisser exposer, au Salon, mon *Parce Domine*, et il y consentit, sans toutefois parler du cadre. — « Ça va bien, me dit un camarade, Marius Estienne, je t'aiderai à l'encadrer : avec quatre planches de sapin et un peu de bronze, ça fera la rue Michel ! » Et nous voici tous les deux dans une salle du Palais de l'Industrie en train de faire les menuisiers et les doreurs. Ce spectacle aurait dû attendrir les maîtres du Jury qui se baladaient déjà dans les salles ; mais ces tigres furent impitoyables et mon tableau fut refusé presque à l'unanimité, sauf Cabanel qui me défendit. J'eus la tristesse d'apprendre que Henri Pille, qui était du Chat Noir, ici, représenté aussi par moi, nous renia en disant — « Ah ! voui... « Si nous recevons c'te machine, l'an prochain, nous serons envahis de « chats nouéres et de petites femmes en bas nouéres itou ! » Le traître ! Pour me venger je l'ai dessiné portant un tas de briques et le surnommai « Le père Labrique », mais je n'ai pas cessé de l'aimer et de l'admirer, car c'est un grand artiste.

"LE CLOU"

L'ancien acteur Mousseau est venu me demander de dessiner le menu d'un restaurant qu'il va, avec un associé, ouvrir place Trudaine, à côté de « la Grande Pinte » à la place du magasin où il ouvrait et vendait des huîtres... comme moi ! A propos, qu'a-t-il fait de mon premier salon *La Tentation de Saint Antoine*, que je ne lui avais pas confié pour qu'il lui serve de ciel-de-lit ?...

Les gros clous portemanteaux de Salis lui ont donné l'idée de donner à son restaurant l'enseigne : « A l'Auberge du Clou », présenté et agencé comme les auberges du temps du Courrier de Lyon. Son associé, le père Tomaschet « Schocnosof », ancien garçon de café enrichi au Quartier Latin, est un fort brave homme et qui ne tarde pas à se débarrasser de son associé, lequel ouvrira incessamment sur le boulevard Saint-Martin « l'Auberge des Adrets ».

Dès l'ouverture du Clou, tous les mécontents du Chat Noir, et ils étaient légion, formèrent sa clientèle et sur leur conseil, le père Tomaschet me proposa de décorer la salle du restaurant qui était au premier. J'acceptai de faire, pour la somme de trois mille francs, les neuf panneaux qui devinrent, quinze ans après le départ du père Tomaschet et une vente à l'Hôtel, pour le prix de seize mille francs, la propriété de mon regretté ami Hoentchel, tapissier, un délicat celui-ci !

CHRISTIANE

J'avais l'idée que ces neuf panneaux seraient — *Le bon Aubergiste* — *Le Punch* — *La Mariée* — *Le Souper* — *Les Cerises* — *Le Vin* — *La Bière* — *L'Eau* — *La Veuve de Pierrot*, et j'allais me mettre à la besogne quand, ayant eu la mauvaise inspiration de retourner au Chat Noir, j'y fis la connaissance d'une payse de Salis : « Veinard ! » me dit ce Roussi ! et ayant eu la faiblesse de me laisser entourer le cou de deux bras ronds... Aïe !... mais tu m'étrangles !... aïe ! mais lâche-moi donc !... et me voici à la cangue pour treize années, pas moinsse ! Enfin je pris congé du bon petit phalanstère qui aurait pu me sauver, pour commencer la vie mansardée.

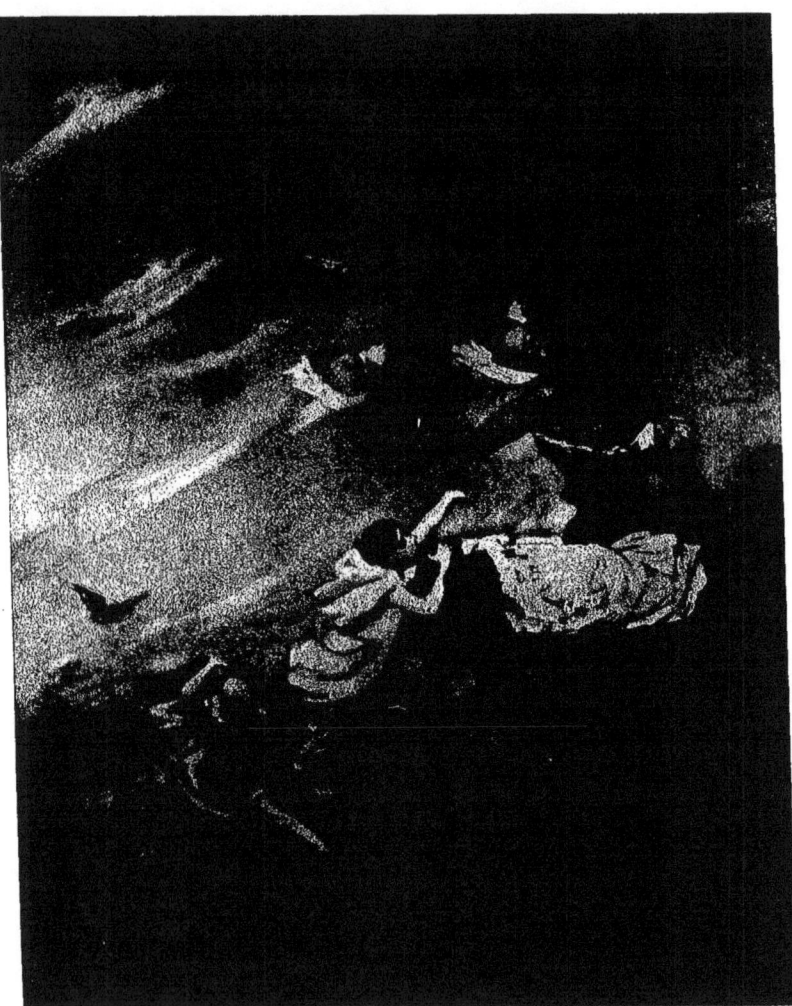

LES CERISES Collection de Mlle Desaille.

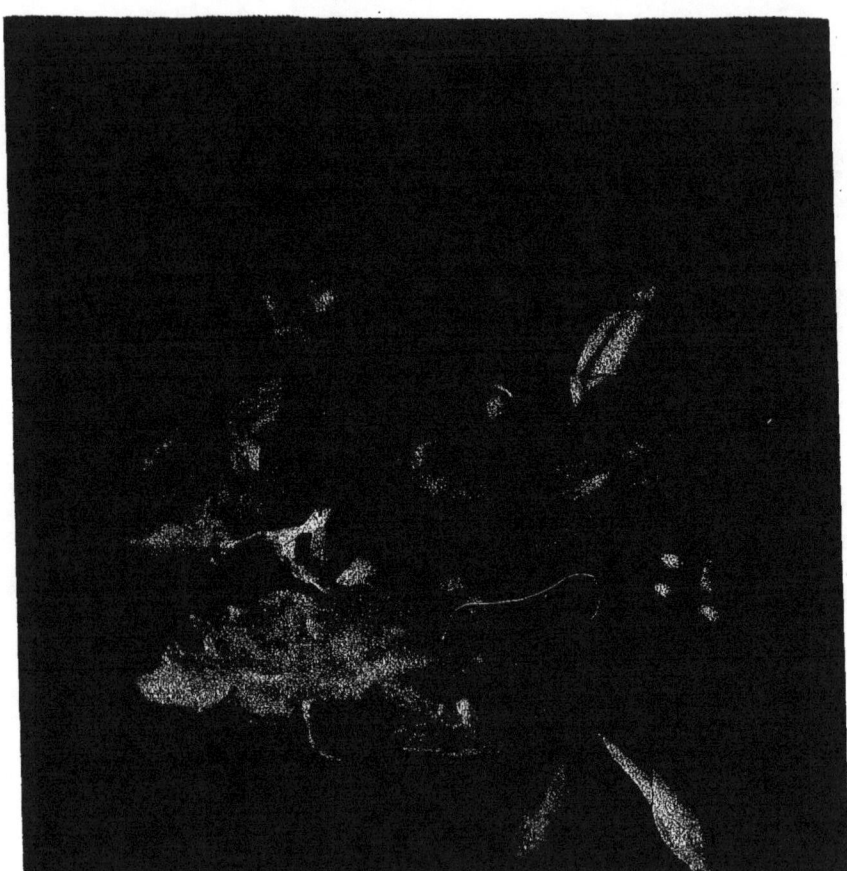

LA GIFLE   Collection de Mlle Desallie

DÉCORATION DU "CLOU"

Naturellement j'exécutai cette décoration sur place et j'y travaillais principalement le matin avec un double plaisir, car ce coin de Montmartre était un des plus gais, et je prenais mes repas dans la même salle, le plus souvent avec des amis.

Par malheur, prise d'un beau zèle, Christiane, ma nouvelle compagne, se mit en tête de collaborer à mon travail ! Cette époque était celle du japonisme, et cela était bien, mais les bergères exagéraient. La mienne s'amena un jour avec toute une collection de crêpons japonais dont, bravement montée sur un escabeau, elle se mit à entortiller les branches dorées de tous les lustres de la salle ! C'était dommage, parce que ces crêpons représentaient de jolies compositions et me revenaient assez cher ; c'était également fâcheux parce que ce crépitement de couleurs vives faisait tort à ma peinture aux tons gris. Mais, pas plus que le patron épaté, je n'osai critiquer le résultat de cette intempestive intervention dans ma décoration. J'avais scrupule de peiner cette brave fille si heureuse de travailler avec moi et puis... et puis elle avait une si jolie voix quand elle ne criait ni ne chantait !... « Pierrot, tu as ma payse !... Pierrot, tu es un veinard ! » m'a dit le Roussi !

OBSÈQUES DU CHAT NOIR

C'était la belle saison ; vers les cinq heures, j'avais rejoint mes camarades à la terrasse où la bonne gaieté montmartroise battait son plein, lorsque, tout à coup, nous perçûmes, venant de l'avenue Trudaine, des accents de mandolines jouant « la polka des Volontaires » d'Olivier Métra ! Alors nous vîmes passer une pitoyable mascarade, dont j'étais hélas le prétexte ! C'était tout ce qui restait du Chat Noir que Salis, après le meurtre de son garçon[1], venait de céder au chansonnier Aristide Bruant et qui allait solennellement prendre possession de son Hôtel, rue Victor-Massé. Rodolphe Salis, revêtu d'un uniforme du préfet de l'Empire, l'épée au côté, marchait derrière la musique et devant... mon *Parce Domine* trimballé comme une pauvre icône pour moujik par ses nouveaux garçons déguisés en académiciens ! puis venaient quelques matous sans amour-propre... Ah dame ! ils suivaient la fortune certaine du gentilhomme caba-

(1) Homicide commis par imprudence pour lequel Rodolphe Salis fut acquitté. A l'audience, il ne craignit pas de faire le signe maçonnique de détresse !...

retier ! C'était idiot, c'était navrant !... à la chienlit ! et de la terrasse du « Clou » partirent des huées et des sifflets !

Nous, du moins, nous avions sifflé parce que notre cher passé était souillé et que nous prévoyions, pour le fier Chat Noir, un avenir de Music-Hall. Mais qu'à peine installé dans son nouvel Hôtel, le Chat Noir, orgueil de Montmartre, soulevât les protestations indignées de toute la rue Victor-Massé contre son installation dans cette rue, ça, c'est à peine croyable ! Dans cette rue qui n'était alors habitée que par des marchands d'habits et de peaux de lapins, de reconnaissances du Mont-de-Piété et de marchandes à la toilette, ignobles proxénètes ! oui, cette rue de Montmartre signa une pétition pour demander la fermeture du Chat Noir ! Mais patience, dans deux ou trois ans, Poil Maudit en sera le digne souverain acclamé.

Après y avoir gambadé avec la satisfaction d'être désormais à l'abri des Terreurs du boulevard Rochechouart, l'Ane Rouge parut quelque temps embarrassé de l'étendue de son nouveau local et même très perplexe, il pensa, un instant, louer à un photographe son premier étage. A ce moment critique, deux artistes collaborateurs du premier Chat Noir vinrent, à propos, lui sauver la mise et décider de sa fortune ; ce spirituel aquafortiste Henry Somm et Henri Rivière lui proposèrent l'idée qu'ils avaient le premier d'un guignol, le second d'un théâtre d'ombres, qui devait être le précurseur du sublime Cinéma ! On sait ce que fut ce petit théâtre, grâce à l'ingéniosité merveilleuse de ce merveilleux artiste qui a voué son art à la divine Bretagne.

Je viens d'essuyer ma palette et je prends un de mes pinceaux au bout duquel je fixe un beau bouquet de violettes avec un flot de rubans tricolores ; puis, la bouche en cœur, je m'avance vers le comptoir où trône Mme Tomaschet, l'aimable aubergiste du Clou, et, lui offrant ce signe gracieux de ma corporation : — « Gentille patronne, le peintre a terminé son ouvrage, mais « il devient à son tour, Madame, votre fidèle client ! »

Eh bien, j'ai raté mon effet ! Mme Thomaschet n'a pas compris que je considérais mon travail comme étant terminé. Elle a dit à Christiane qui m'attend pour déjeuner et qui me le répète en riant : — « M. Willette aurait-il fini ses peintures ? cependant qu'il y a encore des parties où la toile n'est pas recouverte de couleurs !... » Alors je pris ma boîte à couleurs et j'engage ma méfiante cliente à prendre tous mes tubes si elle m'a soupçonné d'avoir voulu économiser la marchandise. Mais le père Thomaschet, dit Schocnosof, sans discuter, vient me verser l'argent qui me revient, non sans être un peu écorné par la note de mes repas pris chez lui durant mon travail et, attention délicate, pour les derniers cent francs, me remet une pièce d'or large comme une thune !... c'est une pièce de cent francs, c'est la première que je vois !

Un éditeur du quai des Grands-Augustins, Lemonnier, joyeux gas

LE BON AUBERGISTE   Collection de Mlle Desaille.

normand, m'a proposé de réunir en un album les histoires sans paroles parues dans le journal *Le Chat noir* en y ajoutant un texte explicatif autographié et devant être orné de nouveaux dessins. J'acceptai, et lui ayant dit mon projet de passer une année au bord de la mer, il m'engagea à aller dans son pays aux environs de Granville où il avait un frère auquel il me recommanderait, puis il m'assura de l'envoi de deux cents francs pour chaque nouvelle page de ce futur album qui devait être celui de *Pauvre Pierrot*.

Avant de partir, je me hâtais de terminer seize petits dessins que le figariste Chabrillat m'avait fait demander pour son livre *L'Amour en quinze leçons*, par l'intermédiaire d'un acteur extraordinaire, l'exquis père Chatelain, du Théâtre Montmartre. Comme, à cause de son insignifiance, j'avais dû renoncer à la lecture du manuscrit, l'idée me vint de faire les illustrations en ne m'inspirant que des titres de chapitres, et alors cela devint de la joie que partagea le fin et bon père Chatelain. Ce travail, plutôt hilarant ne demanda qu'une nuit. Dès le lendemain matin je portai mes dessins au Palais-Royal chez l'éditeur Dentu où le petit père Sauvaistre les reçut avec le sourire. Mais, soupçonneux, il me demanda : « Et vous avez lu le manuscrit ?... » et, sur mon affirmation, il reprit : — « Je ne pensais pas Chabrillat si amusant ! » Lui non plus n'avait pas lu le manuscrit, et il me fit toucher le prix convenu. C'est à Granville que je devais avoir des nouvelles de Chabrillat. — « C'est très spirituel, mais vous recommencerez ce travail. » Et je lui répondis que le crayon était indépendant, que sa fonction était de décorer le livre et non celle de répéter l'esprit de l'auteur, que mon travail était honnêtement fait et que je ne le recommencerais pas ! Avant d'être Directeur de théâtre, le figariste Chabrillat avait été, en 70, foudre de guerre, alors qu'il suivait l'état major du général d'Aurelles de Paladines. Un jour, mécontent de ce général, il lui dit : — « C'est bien, je me plaindrai au *Figaro* ! » Enfin, fou de rage, il parlait de me couper les oreilles avec son grand sabre ; mais des amis l'en dissuadèrent, et, ne voulant pas s'en servir, il se contenta de revendre mes seize dessins originaux exactement le prix qu'ils m'avaient été payés, soit trois cents francs.

Avant de quitter Paris, j'allai faire mes adieux à ma famille, qui logeait à l'Hôtel des Invalides, où mon père, après une mise à la retraite prématurée, s'était retiré avec le droit de conserver, auprès de lui, sa femme et sa fille cadette, grâce à la modeste fonction de chef d'une division d'Invalides dont il portait le sévère uniforme.

A mesure que je m'éloignais de Montmartre, lui-même suspect, où j'étais déjà un Pierrot acclamé et que j'approchais du glorieux Hôtel, après avoir traversé le quartier où s'était passée ma première enfance, je me sentais redevenir craintif tout comme lorsque j'étais petit-enfant et que j'étais en faute ! Ah c'est que des succès de cabaret ne pouvaient, en effet, qu'aggraver les terribles soupçons et les tendres inquiétudes de mon père et de ma mère encore influencés par la calomnie des maîtres du lycée. Ils déploraient toujours mon départ prématuré de l'Ecole d'où je ne devais sortir que Prix de Rome ; de plus ils avaient le soupçon de ma vie précaire et la triste conviction de ma réelle et dangereuse simplicité. Et alors, parvenu sur l'esplanade des Invalides, je flânais au travers la forêt des arbres centenaires pour calmer mon cœur et retarder l'instant de la sévère réception. Enfin l'affection et l'heure militaire du dîner me précipitaient vers la grille que je franchissais en déclinant ma qualité au corps de garde. Et ce n'est pas sans une respectueuse émotion que je traversais la Cour d'Honneur et que je pénétrais dans le sombre couloir de « La Vaillance » au bout duquel je frappais à la porte du colonel Willette ! Le Padre vient de faire la paye à ses vieux et braves compagnons, et nous nous mettons à table où nous dégustons, à quatre, la portion réglementaire et personnelle de l'officier invalide. Petit à petit, de part et d'autre, les appréhensions se sont dissipées, et ma gaîté est la meilleure preuve que je suis toujours digne de l'affection de mes chers parents. Alors, muni d'un beau paquet de tabac de cantine, don du père, je sors du Temple de la Gloire pour remonter allègrement à Montmartre.

Pour ne pas laisser mon cher lecteur sur une impression mélancolique, qu'il veuille bien me permettre, avant de me séparer de lui et avant de franchir la Seine, d'empiéter sur les temps à venir. Si, comme je l'ai déjà dit, je me dirigeais, la tête basse, vers l'Hôtel des Invalides, c'était pour le retour, nez au vent, que je retraversais la sombre forêt de l'Esplanade. Or l'Esplanade des Invalides quittait son air de grandeur morose alors qu'elle devenait champ de foire à l'occasion du 14 juillet.

On sait déjà, par la vignette placée en tête de ce livre que la chaise Louis XV qui véhicule mon âme est portée par mon ange gardien et par le dyable, ce qui explique les fréquents à-coups de mon voyage sur la terre. En allant vers le glorieux Hôtel c'était l'ange qui était le porteur de devant, mais pour le retour à Montmartre, c'était le dyable qui prenait la direction, et alors il n'en faisait qu'à sa tête ! Un soir que nous nous en retournions et que la fête battait son plein, sur l'Esplanade, ma chaise à porteurs brusquement arrêtée, je pensais donner du nez dans la vitre... c'était mon diabolique porteur qui m'ayant fait descendre devant une grande baraque où il était annoncé le « crime d'Eyraud », m'incite à y entrer. Cette reconstitution de ce crime célèbre consistait en une série de tableaux vivants parfaitement présentés sur une scène tournante. C'est ainsi que nous vîmes l'huissier Gouffé sur les genoux de Gabrielle Bompard dont les perfides caresses avaient secondé la macabre farce du sieur Eyraud. Déjà la salle archi-comble commençait à jubiler dès l'instant où Gabrielle Bompard, tout en se jouant, passait le cordon de son peignoir autour du cou de Gouffé, mais elle entra en délire quand, tout aussitôt, Eyraud caché, derrière le couple, par un paravent, ayant joint le gracieux nœud coulant

LE COLONEL WILLETTE

formé et placé par Gabrielle, à sa corde accrochée au plafond et tirant sur celle-ci, enleva l'huissier gigotant à deux mètres de haut !... Aussitôt les bravos crépitèrent !... ce ne fut qu'un hurlement de joie !... *bis, bis* ! cria-t-on !... et, à la demande générale, l'huissier fut pendu trois fois !... les mains m'en cuisaient, cependant que mon damné porteur se frottait les siennes !

— « Eh bien, Pierrot, tu ne manges pas ?... »

— « La France, madame, vient de perdre un grand huissier ! »

Telle est la légende de ce dessin [1] dont la reproduction doit être encore justifiée par une autre histoire d'huissiers, mais cette fois personnelle à Pierrot ou au *Pierrot* qui fut mon journal. Voici l'histoire, et d'autant plus volontiers qu'elle comporte, à sa conclusion, un souvenir d'héroïsme.

Dans l'après-midi d'un samedi, Pierrette alors bonne ménagère, était en train de faire reluire ses chères casseroles qu'elle alignait, au fur et à mesure, dans le vestibule, cependant que moi, Pierrot, je dessinais dans mon atelier. Tout à coup le timbre ayant retenti, je courais, à l'entrée, ouvrir la porte et me trouvais en la présence de trois mascamors — « Je suis l'huissier, me dit le plus vilain des trois, et je viens opérer chez monsieur Willette... » A ces mots, je bondis sur le sabre de mon père et... sur ma tunique de collégien auxquels je tiens tant, car je savais que l'huissier ne peut saisir ce qui est sur vous. Voilà donc la bande noire dans la place et le sabre sous le bras, la pipe au bec, je regarde, sans dire mot, l'huissier procéder à la saisie. Comme s'il eût été un familier de la maison, il avait été droit à la pièce où se trouvaient mes dessins encadrés et mon tableau *La Veuve de Pierrot*, et déjà un de ses acolytes ayant sorti de sa serviette, encre, plume et papier, commençait à écrire sous la dictée de son patron quand, tout à coup, surgit, telle une lionne mère, Pierrette, les bras nus et robustes appuyés sur ses hanches puissantes — « Qu'est-ce là ?... » jeta-t-elle. Et moi — « Ma chère, c'est l'huissier ! » — « Oh mais, je n'veux pas d'ça, ici !... Allons oust, tas de vermines, décampez et plus vite que ça ! » Et, rapide comme une chatte, de trois coups de patte elle envoie dinguer l'encrier et les paperasses sacrées, retire la chaise au scribe qui s'étale et envoie le deuxième ahuri s'aplatir contre le mur ! — « Au nom du ciel, « monsieur, supplie l'huissier terrifié, retenez cette femme... son acte « inqualifiable...... » — « Ah c'est toi, le chef de la bande, clame Pierrette, « et tu es venu pour saisir ?... Eh bien tu vas saisir la porte et j'vais t'aider « à descendre l'escalier ! » Et sans leur donner le temps de se reconnaître, elle fait pivoter les trois hommes, l'huissier compris jusqu'à l'entrée, présentement la sortie ! Je ris encore au souvenir de l'huissier qui, bousculé, cherchait à dégager son pied pris dans une casserole !

(1) Paru dans mon journal « *Le Pierrot* ».

La porte refermée sur l'ennemi, je dis — « Pour du beau travail, « c'est là du beau travail ! mais, ma pauvre Pierrette, j'ai tout lieu de « craindre que tu ne le payes plus cher qu'au marché !... » — « Zut !... « si tu n'étais pas un pierrot, je ne serais pas obligée de faire l'homme ! » Je confesse avoir pensé alors : Va toujours, ma belle, les deux ou trois mois de mise en cage dont tu vas écopper vont me procurer quelques vacances, sinon un entr'acte providentiellement utile. [1] Et je m'étonnais que l'huissier ne fût pas déjà revenu avec le commissaire de police, mais comme il n'avait pas dû le trouver, ce ne devait être, sans nul doute, qu'une partie remise pour le lundi suivant, puisqu'on était au samedi.

Peu de temps avant cette aventure, mon père m'avait demandé de rendre service à une ancienne et brave cantinière de zouaves qu'il avait connue sur les champs de bataille de Solférino et du Mexique. — « C'est « la mère Calvé, me dit-il, elle a été blessée à Solférino, tandis qu'elle « soignait les blessés et a reçu, pour ce fait, la médaille militaire. Comme « cette brave et digne femme a l'intention de monter une cantine, sur « l'Esplanade durant l'Exposition prochaine, tu lui ferais de la bonne « publicité en faisant paraître son portrait en cantinière dans un journal. « Elle le mérite : c'est un brave cœur de femme et de soldat. »

Précisément j'avais, pour exaucer le vœu de mon père, donné rendez-vous, à Mme Calvé, pour la matinée de ce lundi. Elle arriva, chez moi, à l'heure militaire, sous les apparences d'une robuste quinquagénaire et d'une simple femme du peuple, mais ayant revêtu ses glorieuses frusques, elle apparut, à mon atelier, la mère Calvé, magnifique de prestance en son costume de cantinière des zouaves, la chechia crânement posée sur l'oreille, sa belle médaille et d'autres décorations étalées sur sa poitrine bombée, avec sa petite jupe qui avait été criblée par la mitraille, et ses guêtres blanches et son petit tonnelet tricolore en sautoir... oui, elle avait vraiment belle allure, la mère Calvé.

Enthousiasmé je me mis, sans plus tarder, à mon chevalet, quand notre silence laborieux fut troublé par quelques coups frappés à la porte et suivis de cette injonction — « *Au nom de la loi !* » Du coup Pierrette s'étant terrée en quelque coin, j'allai encore ouvrir et je livrai le passage à M. Benezech, mon commissaire de police, suivi de l'huissier à l'air renfrogné. Les ayant fait pénétrer dans la pièce où je travaillais, ils restèrent médusés devant le genre de femme qui me servait de modèle. Leur étonnement me fit comprendre qu'ils s'attendaient à voir, chez un artiste montmartrois, plutôt une femme-sapeur qu'une cantinière !

D'ailleurs la présentation que je m'empressai de leur faire — « Madame Calvé, ex-cantinière du 2e zouaves, médaillée sur le champ de bataille de

---

(1) D'ailleurs, la bergère ne pensait qu'à défendre son bien : la collection de ces dessins et ce tableau étant, après la rupture, restés en sa possession.

— « Mange donc Pierrot... T'es malade ?
— « La France, madame, vient de perdre un grand huissier ! »

Solférino. » leur fit comprendre qu'ils n'étaient pas les victimes d'une mystification, et tandis qu'ils complimentaient cette brave dure-à-cuire et avant qu'ils songeassent à m'exposer l'objet de leur visite, Pierrette apparut, à son tour, avec son plus gracieux sourire et portant son beau plateau des dimanches chargé de biscuits, de verres et d'une belle bouteille de Vouvray ! Et tandis que la cantinière, ainsi qu'elle en avait été priée par ces Messieurs, racontait ses campagnes, Pierrette, très sage, versait, dans les verres, le vin avec l'oubli et, le beau plateau gracieusement offert à la ronde, elle, Pierrette, la mère Calvé, M. le Commissaire, l'huissier et moi, nous trinquâmes à l'armée française, au succès de la cantinière et de sa cantine et aussi aux miens !... Quant à Pierrette, il ne fut pas plus question de sa vivacité un peu exagérée que d'une plainte dont elle n'eût pas, à vrai dire, volé les suites ordinairement fâcheuses...; mais le Commissaire était bon enfant, et puis je payai sans récriminer.

J'aurais pu donner à ce livre un caractère d'unique tristesse, si moi-même j'en avais un mal fait, car ce ne sont pas les déceptions et les mauvais accueils qui ont manqué à ma carrière d'artiste ; seule la joie de vivre et de voir vivre m'a amené encore sain et sauf à ma 61e berge !

De mon temps on était trop jeune pour avoir du talent... aujourd'hui on est trop vieux pour en avoir encore.

En ces temps-là le marchand n'était pas encore celui qui, aujourd'hui, fait éclore spontanément un talent abracadabri-abracadabran, tel le fakir qui, tenant ses mains faisant cloche, au dessus d'une graine de fleur plantée en terre, la fait germer instantanément, lui, le marchand de notre temps ne tenait, prudemment, qu'à la vente de ces toiles cirées que fabriquaient, inlassablement, nos terribles anciens peintres brevetés A. G. D. G.

Nous, les jeunes, nous n'avions pas l'accueil de ces galeries dont le luxe choucroûtard en impose au bon sens et au goût français ; nous n'avions pas, pour nous exalter, de ces apôtres bolchevikis dont le verbe aussi espérantiste que menaçant affole le bourgeois, parce qu'à la vérité, nous n'avions, en art, aucune théorie à développer, sinon le chant qui accompagnait notre travail comme il accompagne celui de Mimi Pinson ! Nous n'avions, non plus, pour annoncer notre subite élévation, ces clairons de la publicité payée et sonnant aux couleurs... des Iles Sandwich, sonnerie précédée du commandement — « Envoyez ! »... ta ta ra ta ta ta... devant lequel, sur le bateau que lui a monté le marchand, l'équipage d'amateurs met chapeau bas et la main à la poche !

Lors d'une pénible convalescence, sur la plage de Menton, je parlais de tout cela avec le bon père Harpignies ; mettant la main sur mon épaule, il conclut ainsi : — « Mon enfant, on finit toujours par avoir raison; le tout c'est de ne pas crever ! »

LÉON-ADOLPHE WILLETTE.
officier de la Légion d'Honneur.

ni peintre (*Cormon mihi dixit*),
ni décorateur (*Dimier scripsit*),
ni graveur (*M. Beraldi id.*),
ni dessinateur (*L. O. M. declaravit in Instituto*),
mais fumiste (*Albert Boche scripsit in Figaro*).
Allons, j'ai encore de l'avenir !

Les Epinettes, *Epiphanie 1919.*

A suivre, s'il plaît à Dieu et... au lecteur.

TABLE DES GRAVURES

Pages

Pierrot (Couverture).
Adolphe Willette et sa Mère (Frontispice en couleurs).
Mon âme (Croquis pour le titre).
Croquis inédit de Poulbot.
Souvenirs d'enfance (Dix-huit croquis rétrospectifs) . . . . 9 à 32
Le Général Bazaine et son État-Major (fac-simile en couleurs) 12
Le Drapeau (fac-simile en couleurs). 16
La Clef des Champs (fac-simile en couleurs). 18
Les Chansons de France (fac-simile en couleurs). 26
Portrait de Maria Willette (1913). — Fac-simile d'une sanguine rehaussée. 34
Les Mois (douze croquis). . . . . 36 à 48
Professeurs, Pions et Elève (douze caricatures). . . . . 38 à 40
"L'Echo des Bahutins". . . . . 41 à 44
La Fédérée (1882). Peinture. (Reproduction en couleurs). 50
Fac-simile d'un croquis au crayon bleu. 54
La Sortie du Lycée (Menu pour un banquet des anciens élèves). 58
Etude académique (Fac-simile d'une sanguine) 62
L'Ecole des Beaux-Arts. 65
Deux dessins parus dans " Médor ou La Libre Pensée ", plaquette illustrée (1877) 68-69
Au coin d'un bois (1912).— (Fac-simile en couleurs) 74
Robert Willette (1882), peinture (reproduction en couleurs). 78
Au quartier latin. — Menu pour le Banquet de l'Association des Etudiants (1906). 80

	Pages
La Tentation de Saint-Antoine (Salon de 1881), d'après le tableau	81
La pièce de vingt francs (1882)	85
Les petits oiseaux meurent les pattes en l'air	89
Deux histoires sans légendes	90-91
Une paire d'amis. (Peinture refusée au Salon de 1882)	93
La potence	95
Le mauvais larron. (Tableau du Salon de 1883)	96
Montmartre	99
Suzy Mabel dans la Revue du Moulin Rouge	101
Le Vin rose	104
Le Vin rouge	105
Le Champagne	106
L'Eau	107
La Bière	108
Le Petit Bleu	109
Les Poètes	110
Croquis au crayon bleu pour un trumeau (fac-simile)	112
Vive la Commune!	114
Une paire d'Amis. (Pour le journal "Le Chat Noir")	117
Façade du vieux "Chat Noir" (d'après une photographie)	118
"Le Chat Noir" (numéro spécimen)	122
Le Roman de la Rose	124
Bonheur passe richesse	127
Mon rosier est mort (épreuve dédiée à Mme Adolphe Willette)	128
Pierrot et la Mouche	131
La mort de Pierrot	132
L'Enseigne du Chat Noir	135
Le Bon Bock	138
Croquis au crayon bleu (fac-simile)	136
Vache!	139
L'Ane rouge	144
O Banville, n'oubliez pas vos Pierrots... (D'après la lithographie originale parue dans "Le Pierrot")	146
L'Ane rouge malade	148
V'là le Choléra!	152
Va-t'en, Choléra!	154
Premier Duel	156
Le Veau d'or (reproduction en couleurs)	160

	Pages
Etude de Cigale (Menton). — (Fac-similé en couleurs)	162
"Parce Domine"	164
La veuve de Pierrot (reproduction en couleurs) (pour l'auberge du Clou)	166
Le Balai	168
Le Brocanteur	168
Les Cerises (Auberge du Clou)	168
La Gifle —	168
Le bon Aubergiste —	170
Le colonel Willette (1886)	172
La France vient de perdre un grand huissier	174
Croquis	176

TABLE DES MATIÈRES

	Pages
Lettres-Préface	6
De la robe à la culotte	9
Heureux pronostics	12
L'école	13
Le Paradou	17
La rue — Les fêtes	20
Les jouets	22
Saint-Denis — Le Boulevard	22
Bruxelles	26
La vieillesse	28
Napoléon III	29
L'Exposition universelle	31
Le Lycée de Dijon (1868)	35
Dijon	35
1870-1871	50
La guerre	51
En captivité	53
L'Académie de Cassel	53
Ma rentrée au Lycée	56
La sortie (1875)	59
L'Ecole des Beaux-Arts	60
Au Collège de France	66

	Pages
L'Exposition de 1878	67
La conscription	70
Alphonse Daudet	70
Jean d'Alheim	71
Château de Forsac	72
Atelier Jean d'Alheim, 77, rue de Vaugirard	75
Quartier latin	79
Reporter du "Figaro"	83
Montmartre ! La rue Véron (1882)	86
Le Panorama	96
L'Eglise Saint-Pierre	102
Les Cabarets	105
Les Cafés	106
Les Ratés	112
Pressentiment !	113
La Commune	113
Paris-Bas	115
Arrivée de Satanas	116
Discours à M. Maurice Donnay	119
Un numéro du "Chat Noir"	122-123
Pierrot et Pierrette	123
Le Cabaret	135
Salis	137
Emile Goudeau	142
Tableau	143
Premier Mécène	145
Banville	147
Les Chants	149
Les F∴	153
Les Poètes	154
L'Institut. — Un Cercle d'escrime	155
Premier Duel	156
La Vierge verte (Mon premier vitrail)	158
Chez Jules Vallès	160
Le "Parce Domine"	161
Fluxion de poitrine	163
Saint-Joseph	163
Paul Quinsac	164

	Pages
Pauvre Maman !	165
Saisie	166
Le Phalanstère	166
« Le Clou »	167
Christiane	168
Décoration du « Clou »	169
Obsèques du Chat Noir	169
Table des gravures	177
Table des matières	181

www.ingramcontent.com/pod-product-compliance
Lightning Source LLC
Chambersburg PA
CBHW062233180426
43200CB00035B/1698